特別支援教育のミライ

武富 博文 著

明治図書

はじめに

本書は、日本の特別支援教育の歴史や制度、とりわけ「養護学校（当時）」の義務制実施以降に展開されてきた障害のある子供たちをめぐる様々な教育政策の経緯や状況を踏まえ、今後の特別支援教育の更なる進展に向けた将来展望を描き、具体的な方策を提案することを目的としています。

この書籍は、筆者が大学教員として特別支援教育政策研究ゼミで話題として取り上げ、学生とともに議論を交わした内容がベースとなっています。また、研究者として調査や情報収集を行った内容に基づいて、学校現場の先生方と質疑や意見交換を重ねた内容も参考とさせていただきながら執筆しました。

これから教育・保育の現場に出て、子供たちや関係者のために力を尽くしたいと願う「志」をもった学生の皆さんに、また、学校・園の現場で力戦奮闘しながら、よりよい教育・保育の環境をつくってくださっている先生方に対し、これから先の特別支援教育のミライ像を描き出すことで、ともに解決へ向かっていくべき課題を明らかにすることを目的にまとめています。

障害者の権利に関する条約やインクルーシブ教育システム、教育課程、カリキュラム・マネジメントに至るまで、幅広く論じていますが、どのテーマも相互に関連し合っている背景や要因が存在していることを感じ取っていただけますと幸いに存じます。

本書の刊行に当たり、多くの方々のご協力をいただきました。特に、特別支援教育政策研究ゼミの皆さんの「ピュアで熱い想い」と、特別支援教育の現場で働く先生方の鋭い「現場感覚」に心より敬意を表します。また、本書の内容が政策立案に携わる方々に伝わるとともに有益な情報となって、ミライの教育施策の実現に寄与することを願っています。

また、本書の出版を機に、特別支援教育の施策の充実につながる道を読者の皆様とともに模索し続けていけることを心から願っております。

著者　武富　博文

CONTENTS

カリキュラム・マネジメント

ミライの支援を展望する
トピックス&オピニオン

障害者の権利に関する条約
特別支援教育政策
インクルーシブ教育システム
カリキュラム・マネジメント

教育課程
知的障害教育
学習評価
教師の資質・働き方

01

国連からの勧告
特別支援教育は
どうなるのか？

関連文献

- 外務省「障害者の権利に関する条約」

- 中央教育審議会初等中等教育分科会「共生社会の形成に向けたインクルーシブ教育システム構築のための特別支援教育の推進（報告）」（2012年７月23日）

解説

我が国が「障害者の権利に関する条約」(以下、条約)に批准したのは2014年のことです。この条約は、**「障害者の人権及び基本的自由の享有を確保し、障害者の固有の尊厳の尊重を促進すること」**を目的として定められています。障害者の権利を実現するための様々な措置等について定めている条約ですので「教育」に関わる権利についても規定されています。

そもそも条約が国連総会で採択されたのは2006年12月にまで遡ります。我が国はその翌年となる2007年9月、この条約に「署名」しました。「署名」の段階で、この条約が目指す趣旨や内容に対して、基本的に賛同する意を表すことになります。ただし、この段階で条約の実行そのものは義務ではありません。ですが「批准」に向けて、条約の諸規定を法令の中に取り入れるべく、必要となる様々な措置をとってきました。

この間、7年弱の歳月を要したことになります。条約に「批准」した国は、条約の諸規定に基づく義務を履行するためにとった措置や、それによってもたらされた進歩に関して

「包括的な報告」を行うことが求められています。初回の報告は批准後2年以内という規定がありますので、我が国は２０１６年６月に報告を行っています。その報告に基づいて、審査が実施される訳ですが、他国の審査にも時間を要して予定が遅れたことや、丁度その時期に新型コロナウイルス感染症が世界的に流行したことなどの影響もあって、審査は２０２２年８月に実施されました。そしてその結果が同年９月に公表されました。

条約第24条の「教育」に関わる懸念及び勧告として総括所見の中で次のことが述べられています。まずは、懸念事項として示された６点を引用します。

(a) 医療に基づく評価を通じて、障害のある児童への分離された特別教育が永続していること。障害のある児童、特に知的障害、精神障害、又はより多くの支援を必要とする児童を、通常環境での教育を利用しにくくしていること。また、通常の学校に特別支援学級があること。

(b) 障害のある児童を受け入れるには準備不足であるとの認識や実際に準備不足であることを理由に、障害のある児童が通常の学校への入学を拒否されること。また、特別学級の児童が授業時間の半分以上を通常の学級で過ごしてはならないとした、２０２２年に発出された政府の通知。

(c) 障害のある生徒に対する合理的配慮の提供が不十分であること。

(d) 通常教育の教員の障害者を包容する教育（インクルーシブ教育）に関する技術の欠如及び否定的な態度。

(e) 聾（ろう）児童に対する手話教育、盲聾（ろう）児童に対する障害者を包容する教育（インクルーシブ教育）を含め、通常の学校における、代替的及び補助的な意思疎通の様式及び手段の欠如。

(f) 大学入学試験及び学習過程を含めた、高等教育における障害のある学生の障壁を扱った、国の包括的政策の欠如。

次に、これらの懸念を踏まえ、要請された6つの意見を引用します。

(a) 国の教育政策、法律及び行政上の取り決めの中で、分離特別教育を終わらせることを目的として、障害のある児童が障害者を包容する教育（インクルーシブ教育）を受ける権利があることを認識すること。また、特定の目標、期間及び十分な予算を伴い、全ての障害のある生徒にあらゆる教育段階において必要とされる合理的配慮及び個別の支援が提供されることを確保するために、質の高い障害者を包容する教育（インクルーシブ教育）に関する国家の行動計画を採択すること。

(b) 全ての障害のある児童に対して通常の学校を利用する機会を確保すること。また、通常の学校が障害のある生徒に対しての通学拒否が認められないことを確保するための「非拒否」条項及び政策を策定すること、及び特別学級に関する政府の通知を撤回すること。

(c) 全ての障害のある児童に対して、個別の教育要件を満たし、障害者を包容する教育（インクルーシブ教育）を確保するために合理的配慮を保障すること。

(d) 通常教育の教員及び教員以外の教職員に、障害者を包容する教育（インクルーシブ教育）に関する研修を確保し、障害の人権モデルに関する意識を向上させること。

(e) 点字、「イージーリード」、聾（ろう）児童のための手話教育等、通常の教育環境における補助的及び代替的な意思疎通様式及び手段の利用を保障し、障害者を包容する教育（インクルーシブ教育）環境における聾（ろう）文化を推進し、盲聾（ろう）児童が、かかる教育を利用する機会を確保すること。

(f) 大学入学試験及び学習過程を含め、高等教育における障害のある学生の障壁を扱った国の包括的政策を策定すること。

これらの所見に対して、我が国では文部科学省より次の見解が示されました(抜粋要約)。

○障害のある子供と障害のない子供が可能な限り共に過ごせるように、通級による指導の担当教員の基礎定数化や、通常の学級に在籍する障害のある子供を支援する特別支援教育支援員に対する財政支援等に取り組み、勧告の趣旨を踏まえて、インクルーシブ教育システムの推進に向けた取組を進めていきたい。

○特別支援学校や特別支援学級に在籍する子供が増えている中で、多様な学びの場において行われる特別支援教育を中止することは考えていない。

○特別学級に関する政府の通知について、特別支援学級で半分以上過ごす必要のない子供は、通常の学級に在籍を変更することを促すとともに、特別支援学級の在籍者の範囲を、当該学級での授業が半分以上必要な子供に限ることを目的としたものであり、むしろインクルーシブを推進するものである。勧告で撤回を求められたのは大変遺憾である。

オピニオン

国連のインクルーシブ教育システムに関する見解と日本政府の見解との間には、明らかに齟齬がある状況と言えます。しかしこの見解の相違は簡単には埋められるものではないように感じます。我が国の基本認識としては、共生社会の形成に向けて我が国が定義する「インクルーシブ教育システム」を構築するためには、連続性のある多様な学びの場において、特別支援教育を着実に推進していくことが重要であるという考えがありますし、その点はこれまでも、そしてこれからも重要視されることと思います。

一方で、国連の勧告では懸念事項として真っ先に「分離された特別教育（segregated special education）」という表現が見られたり、通常の学校に特別支援学級があることに関する指摘が挙げられたりしています。

果たしてこのような状況の中で、我が国の特別支援教育は今後、どのように進展していくのでしょうか。また、進展させていくべきなのでしょうか。この問題はかなりデリケートな問題でもあり、多様な立場や考え方をもつ人たちが、十分に時間を掛けながら議論し、我が国独自のよりよい制度や施策の展開を目指していくべきであることは言うまでもありません。これまで、先達が築いてきた「特殊教育」と呼ばれていた時代からの制度やシステムを総括し、「特別支援教育」と呼ぶようになってから築き上げてきた制度やシステムを振り返り、国連からの勧告の「趣旨」と、その考え方の「背景」にある思想を念頭に置きながら取組が進められるものと思われます。

その際、筆者は、本当にあるべきこの国のインクルーシブ教育システムの姿を多面的に評価できる「政策指標群」を手掛かりとしながら施策を展開していくことが「当面」は、重要になると考えています。「当面」と述べているのは国際的な議論が進んでいく中で、ドラスティックに変わる可能性も否定できないからです。その萌芽は既に我が国の中でも地方の発意と多様性を重視した取組の中で進展しつつあります。なお、政策指標についての考えは、教育振興基本計画との関連で、項目03でも述べさせていただきました。

特別支援教育施策を展開する上で最も重要だと考える政策指標は、何と言っても一人一人の子供の育ちです。それに加え、もう一点重要だと考えるのは、学びの場の選択の納得度や一致度です。子供自身や保護者・関係者の納得度、最終的な学びの場を決定する市町村教育委員会との一致度を政策指標に据えることも重要な取組だと考えています。

02

特別支援教育の対象者ダイバージェンス様の変化は続くのか？

関連文献

- 外務省「障害者の権利に関する条約」

- 中央教育審議会初等中等教育分科会「共生社会の形成に向けたインクルーシブ教育システム構築のための特別支援教育の推進（報告）」（2012年７月23日）

解説

我が国の子供たちの数が減少傾向にあることは、皆さんも既にご存知のことと思います。表1をご覧いただければお分かりの通り、人口動態統計によって、初めて出生数が100万人を切ったのは2016年のことでした。

以降も減少傾向に歯止めはかからず、70万人を切ってしまう状況は、目前に迫っています。まさに、少子化対策については、待ったなしの状況となっていますが、異次元の少子化対策が功を奏することを願うばかりです。

表1　出生数の推移

西暦	和暦	出生数（人）
2008年	（平成20年）	1091156
2009年	（平成21年）	1070036
2010年	（平成22年）	1071305
2011年	（平成23年）	1050807
2012年	（平成24年）	1037232
2013年	（平成25年）	1029817
2014年	（平成26年）	1003609
2015年	（平成27年）	1005721
2016年	（平成28年）	977242
2017年	（平成29年）	946146
2018年	（平成30年）	918400
2019年	（令和元年）	865239
2020年	（令和２年）	840835
2021年	（令和３年）	811622
2022年	（令和４年）	770759
2023年	（令和５年）	727288

【出典】厚生労働省「人口動態統計」

さて、このような状況にある中で、特別支援教育の対象者は図1のような推移となっています。

一目見ればお分かりの通り、人口減少に歯止めがかからない状況にあっても、特別支援教育の対象者の数は、年々増加の傾向を示しています。図中の棒グラフは義務教育段階の児童生徒数を示しています（目盛りは左軸を参照）が、右に行くほど段々と下がっている状況がうかがえます。また、折れ線グラフは、特別支援学校や特別支援学級、通級による指導を利用している義務教育段階の児童生徒数です（目盛りは右軸を参照）。いずれの折れ線も、右に行くほど上がっている状況がうかがえます。なお、通級の利用者については、令和6年10月段階で公表されているデータに基づいています。

国連の勧告でもふれられていた特別支援学級の児童生徒数は顕著な増加の傾向が見られます。また、本書の項目08でもふれている、通級による指導の対象となる児童生徒数も同様に増加の傾向が続いています。前ページでご覧いただいたように出生数が激減している状況がありますので、今後も児童生徒数は確実に減少していくはずです。一方で、この流れに逆らって特別支援教育の対象者数は、今後しばらく増加の傾向が続くものと思われます。この現象のことを筆者は「ダイバージェンス（逆行現象）」様と呼んでいます。

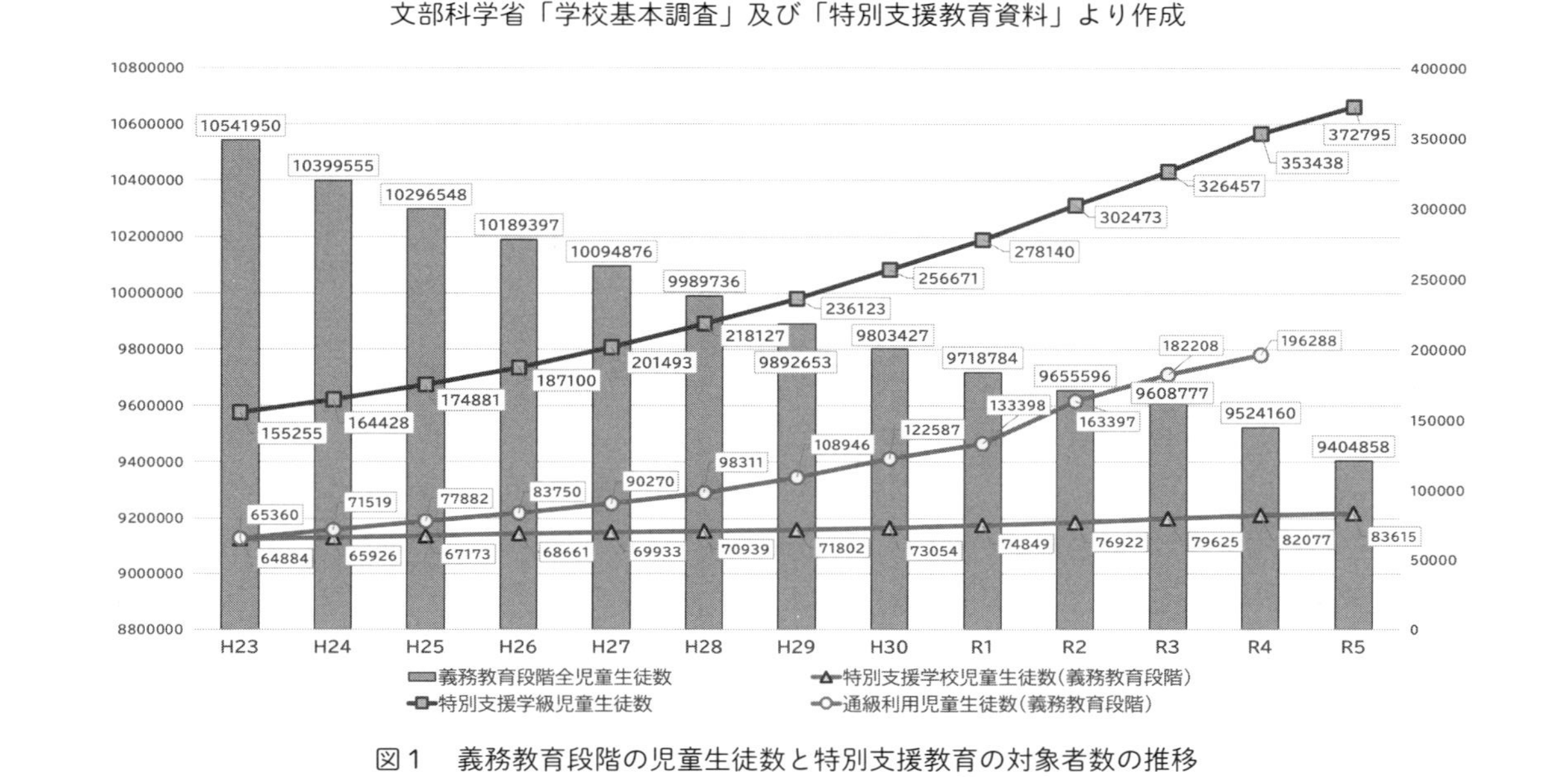

図1　義務教育段階の児童生徒数と特別支援教育の対象者数の推移

オピニオン

前ページの図に関して、忘れてはいけないのが、通常の学級に在籍している特別な教育的支援を必要とする児童生徒で、通級による指導を利用していない児童生徒の存在です。この話題は項目07でも若干ふれていますが、直近の調査データで義務教育段階には8.8％の在籍があることが明らかになっています。また、このうちの90％弱は通級による指導を利用していないことを踏まえると、特別な教育的支援を必要とする児童生徒数の顕著な増加の傾向に見合った特別支援教育施策の展開が急務になっていると言えます。

改めて、直近十数年のデータを見る限り、このダイバージェンス様の現象はもうしばらく続くものと思われます。ただし、大きな政策変更や制度の改正等が行われる場合はこの限りではありません。児童生徒数の減少は顕著になっていますので、どこかの時点で頭打ちになり、横這い状態や減少傾向に転じることも考えられますが、まだまだこの勢いは続くことと考えています。その根拠の一つは「対前年度増減率」の推移です。

表2　各児童生徒数対前年度増減率

単位（%）

	2019	2020	2021	2022	2023
義務教育段階全児童生徒数対前年度増減率	-0.86	-0.65	-0.48	-0.88	-1.25
特別支援学校児童生徒数対前年度増減率	2.46	2.77	3.51	3.08	1.87
特別支援学級児童生徒数対前年度増減率	8.36	8.75	7.93	8.26	5.48
通級利用児童生徒数対前年度増減率	8.82	22.49	11.51	7.73	

紙面の関係で、データは直近5年のものを掲載しています（表2参照）。また、通級による指導の利用者数については、2020年度より集計の時期が各年度の5月1日時点から3月31日時点での集計に変更となっていること、その結果の公表が翌々年度中となっていることを予めお含みおきください。

対前年度増減率に注目をすると、特別支援学校児童生徒数の増加率よりも、通級利用児童生徒数や特別支援学級児童生徒数の増加率の方が高くなっています。また、筆者は増加率の根強さを確認するために2種類の移動平均値を求め、推移を確認していますが、直近で特別支援学級の増加率がこれまでよりも低下しているものの、恐らくこの勢いは、通級利用者数の増加率の強さとなって表れてくるものと見ています。もし、そうでなければ、ダイバージェンスの「終焉」の入り口に辿り着いたのかもしれませんが、まだまだ根強さを肌感覚で実感している分、特に、通常の学級への支援策が急務であると考えています。

03

教育振興基本計画と特別支援教育推進政策指標

何をもって特別支援教育の充実を目指しているのか？

関連文献

- 文部科学省「教育振興基本計画」

- 文部科学省「公的統計調査等を活用した教育施策の改善の推進（EBPM をはじめとした統計改革を推進するための調査研究）」

解説

教育振興基本計画は、教育基本法に示されている教育の理念の実現に向けて、また、我が国の教育振興に関わる施策を総合的・計画的に推進するために政府が策定している計画です。その法令根拠は、教育基本法の第17条第1項に次の通り示されています。

政府は、教育の振興に関する施策の総合的かつ計画的な推進を図るため、教育の振興に関する施策についての基本的な方針及び講ずべき施策その他必要な事項について、基本的な計画を定め、これを国会に報告するとともに、公表しなければならない。

教育基本法が直近で改正されたのは2006年12月になりますが、その際、前掲の条文も新設されましたので、法の改正後に教育振興基本計画が検討され、第一期の教育振興基本計画が策定されたのは2008年の7月のことでした。この計画は、5年に一度の見直しが図られており、2024年時点では第四期の教育振興基本計画期間中になります。

さて、その第四期教育振興基本計画では、「(1)2040年以降の社会を見据えた持続可能な社会の創り手の育成」、「(2)日本社会に根差したウェルビーイングの向上」という2つの総括的な基本方針・コンセプトのもと、「①グローバル化する社会の持続的な発展に向けて学び続ける人材の育成」、「②誰一人取り残されず、全ての人の可能性を引き出す共生社会の実現に向けた教育の推進」、「③地域や家庭で共に学び支え合う社会の実現に向けた教育の推進」、「④教育デジタルトランスフォーメーション（DX）の推進」、「⑤計画の実効性確保のための基盤整備・対話」という5つの基本的な方針が定められています。更に、「今後5年間の教育政策の目標と基本施策」として16の目標とそれぞれの目標に対する基本施策及び指標が示されています。

この中で、特別支援教育と関連する施策については、「目標7　多様な教育ニーズへの対応と社会的包摂」の中に「特別支援教育の推進」として位置付けられています。

基本施策の主なポイントは次の通りです。

- 障害のある子供と障害のない子供が可能な限り共に過ごすための条件整備
- 一人一人の教育的ニーズに応じた学びの場の整備

・個別の教育支援計画・個別の指導計画の活用や合理的配慮の提供
・本人や保護者の意向を最大限尊重した適切な就学先決定の促進
・自校通級や巡回指導の促進など通級による指導の充実
・特別支援学校のセンター的機能の充実
・特別支援学校を含めた2校以上の学校を一体的に運営するインクルーシブな学校運営モデルの創設
・障害者理解に関する学習や交流及び共同学習の在り方等の周知
・特別支援教育コーディネーターを中心とした校内支援体制の構築
・全ての教職員が障害や特別支援教育に係る理解を深める取組の推進
・教師の専門性向上を図るための特別支援学校教諭免許状コアカリキュラムに基づいた教職課程の充実
・特別支援学校教諭等免許状保有率向上
・医療的ケア看護職員の配置の促進
・病気療養児の教育支援や学びの場の実態を踏まえた、ＩＣＴの活用による遠隔教育の推進

・学校施設のバリアフリー化
・特別支援学校の教室不足の解消に向けた取組の推進
・障害のある児童生徒一人一人の教育的ニーズに応じた教科書、教材、支援機器等の活用の促進

施策として挙げられているものは、多様な障害のある子供たちの教育的ニーズを反映して、多岐にわたっている状況がご確認いただけると思います。このように、政策としては多種多様ですが、特別支援教育に関する「指標」として掲げられているのは次の3点です。

「幼・小・中・高等学校等において個別の指導計画・個別の教育支援計画の作成を必要とする児童等のうち、実際に作成されている児童等の割合の増加」

「小・中・高等学校等において通級による指導を受けている児童生徒数の増加」

「小・中・高等学校等に採用後、おおむね10年目までの期間内において、特別支援学級の教師や、特別支援学校の教師を複数年経験した教師の割合の増加」

いずれの「指標」においても割合や数の増加が目指されている状況があります。これらの指標が位置付けられるようになったのは、第二期（2013年～2017年）教育振興

基本計画からですが、その際、成果指標について、「**成果目標の内容を補足するとともに目標達成度を直接的又は間接的に測定するための指標**」として例示するものであり、「**客観性の確保のためには数値による指標設定が望ましいが、数値化が困難である指標については経年において増減を把握できる内容とする**」と説明されていた点を押さえておくことが重要です。そして第二期の成果指標では、特別支援教育の推進と関連して、「**幼・小・中・高等学校における障害のある幼児児童生徒に対する個別の指導計画及び個別の教育支援計画の作成率の増加**」が示されていました。

その後、第三期（2018年～2022年）に入ると「**幼・小・中・高等学校等において個別の指導計画・個別の教育支援計画の作成を必要とする児童等のうち、実際に作成されている児童等の割合の増加**」という測定指標に加えて、「**小・中・高等学校等において通級による指導を受けている児童生徒数の増加**」が示されました。国として、どのような施策に注力し、重きを置いているかを知る際にとても重要なファクターであると考えます。

オピニオン

我が国において行政政策を企画・立案する際、単なる思い込みやその場限りの雰囲気を一時的に察した政策検討を行うのではなく、政策の目的を明確にした上で、合理的な根拠（エビデンス）に基づいて検討を行うことが重要とされています。そのような取組のことをEBPM（エビデンス・ベースト・ポリシー・メイキング）と呼びますが、日本語では「証拠に基づく政策立案」と訳されています。ここで重視されるのは、政策効果の測定や検証に関連する様々な情報・統計等のデータを活用することで、政策の有効性を確認することです。

先述の「成果指標」は、最終的に目指す状態や実現したい変化を評価する上でとても重要な情報・データの一部となる訳ですが、第四期の指標として掲げられている**「幼・小・中・高等学校等において個別の指導計画・個別の教育支援計画の作成を必要とする児童等のうち、実際に作成されている児童等の割合の増加」**については、表記の仕方こそ第二期とは少し異なるものの、第三期とは同一となっていました。特に２０１７年の学習指導要領の改訂により、小・中・高等学校等の通常の学級に在籍している児童生徒で通級による指導を受けている場合や小・中学校の特別支援学級に在籍している場合については、個別の指導計画や個別の教育支援計画を作成し、効果的に活用することが規定されましたので、そろそろ指標から卒業してもよいのではないかと筆者は考えています。しかし、読者の中には学びの場に限らず、障害のある可能性が想定されたり、学習上や生活上の困難さを抱えて園や学校での生活を送っていたりする児童等は他にもいるので、いわゆる「努力義務」とされている児童等の作成率の増加は重要なのではないかと考えられるかもしれません。

そもそも「作成を必要とする」という点について、学校教育法施行規則や学習指導要領上に規定されている児童等は別として、誰が、どの時点で「必要」と判断するかは曖昧になりがちですので、指標の条件を細かく規定してもよいのかもしれません。

さて、特別支援教育政策の推進にとって重要な政策目標はインクルーシブ教育システムの更なる充実になると考えますが、先の国連の勧告等も踏まえると、「本人・保護者及び市町村教育委員会の就学の場の選択・決定に関する納得度や一致度」が可能な限り100％に近づくことを政策指標に掲げることも重要なのではないかと考えています。読者の皆様はどのようにお感じでしょうか。

04

特別支援教育推進政策指標

自治体の取組は充実しているのか？

関連文献

- 武富博文「特別支援教育分野における政策動向に関する研究―教育振興基本計画におけるEvidence-based Policy Makingに向けた政策指標の分析を通して―」（2021）広島大学大学院人間社会科学研究科附属特別支援教育実践センター研究紀要 19号，pp.111-124

解説

前項では、我が国全体の教育振興基本計画について説明しましたが、各自治体も国が示す教育振興基本計画を踏まえて、独自の教育振興基本計画を作成する場合が多くなっています。その根拠規定は、教育基本法第17条第2項で、次の通り示されています。

地方公共団体は、前項の計画を参酌し、その地域の実情に応じ、当該地方公共団体における教育の振興のための施策に関する基本的な計画を定めるよう努めなければならない。

規定の中の「前項の計画」とは国が示す教育振興基本計画のことです。また、規定の文末をご覧いただければお分かりの通り、「努めなければならない」となっていますから、必ず策定する必要はないのでしょうが、都道府県レベルの規模で見てみると、全ての自治体が策定し、広く都道府県民に対して公表しています。更に、市区町村レベルで見たときに、特に人口規模の大きな自治体では策定されているケースが多くなっています。読者の皆様のお住まいの自治体について、都道府県や市区町村レベルで策定されているか各自治体のホームページ上でご確認ください。その際、計画の名称は自治体によって様々であることをお含みおきいただきたいと思います。最も多い名称は、国が策定する教育振興基本計画の名称をそのまま用いて「〇〇県教育振興基本計画」と称するものや、その後に「第〇次計画」と付け加えるものがあります。また、「教育ビジョン」や「教育プラン」といったカタカナの名称で表されているものもあります。

さて、筆者は都道府県レベルの教育振興基本計画を収集し、分析したことがあるのですが、当然、どの自治体においても「特別支援教育」に関して、どのような取組を進めていくのか、現状分析を行った上で、数年後の達成目標を定めていました。計画期間は国に準じて5年を一区切りとする自治体が多いのですが、10年スパンで計画を立案する自治体も見られます。

達成目標について具体的な中身を見ていくと、前項でも政策指標についてふれた通り、具体的な数値目標を設定する場合が多くなっているようです。２０２０年に都道府県を対象として実施した筆者の調査では、47自治体中、39の自治体で数値目標化した政策指標を設定していました。設定する数は自治体によって様々ですが、単純に平均すると4.8という数値になりますので、4～5個ほど、政策指標を設定しているということになります。

かなり高い割合で設定されていた政策指標は、個別の教育支援計画や個別の指導計画の作成や活用等に関連する政策指標で、これは国において策定されていることを踏まえた対応であると考えられます。ただし、自治体ならではの政策指標の設定方法の工夫が見られ、例えば「個別の教育支援計画等の資料の引継ぎが必要な生徒のうち、進学先の高等学校等への引継ぎを行った生徒の割合100％」や「個別の指導計画が作成され、校内委員会や職員会議における情報共有のもと、組織的な指導・支援が実施されている幼児児童生徒の割合100％」など、校種ごとの目標数値を設定したり、条件をより詳細に設定したりする状況がうかがえます。

この他には、就労や進路関連の政策指標を設定する自治体が多く見られました。例えば「特別支援学校高等部卒業生のうち就職を希望する生徒の就職率100％」や「県立知的障害特別支援学校高等部における就職希望率50％」等です。もちろん、就労だけではなく、「特別支援学校高等部及び専攻科卒業者の進路希望に添った進路実現率95％以上を維持」という指標を掲げる自治体もあるなど、各自治体で展開する施策との関連を踏まえて、よりユニークで特徴的な政策指標を設定している状況がうかがえます。

オピニオン

各自治体では、先に挙げた「個別の教育支援計画・個別の指導計画」の作成・活用に係る指標や「就労・進路関連指標」のみならず、多種多様な政策指標を設定しています。同一指標群と思われるものをまとめて筆者が命名していますので、表3をご覧ください。

表3　自治体が設定する政策指標群

1	就労・進路関連指標
2	個別の教育支援計画・個別の指導計画関連指標
3	特別支援教育に関する理解・研修関連指標
4	交流及び共同学習関連指標
5	特別支援学校教諭免許状保有関連指標
6	教育相談・支援関連指標
7	人材配置・活用関連指標
8	特別支援教育の視点による指導・支援関連指標
9	通級による指導関連指標
10	校内委員会関連指標
11	医療的ケア関連指標
12	地域貢献・地域連携関連指標
13	いじめへの対応関連指標
14	防災・安全管理関連指標
15	人事・配置・服務関連指標
16	ICT 利活用関連指標
17	人権教育・人権研修関連指標
18	働き方改革・校務改革関連指標
19	学校評価関連指標
20	健康教育関連指標
21	家庭教育・家庭支援関連指標

13番目に示している「いじめへの対応関連指標」以下は、特別支援教育独自の政策課題というよりも、特別支援学校を含めて、多様な学びの場や小・中・高等学校全体の課題を捉えた政策指標となっていて、特別支援教育との関連は比較的に浅くなっています。

筆者が注目している政策指標は、3～4番目に示している「特別支援教育に関する理解・研修関連指標」や「交流及び共同学習関連指標」です。

特別支援教育の対象者が増加している状況は周知の通りですが、まだまだ特別支援教育の理解度や認知度は十分であるとは考えていません。そのような中で、各自治体において障害のある子供たちの学習上・生活上の様々な困難さの状況や、それらを踏まえた適切な指導及び必要とされる支援について理解の向上に向けた取組は非常に重要です。「小・中・高等学校の全教員のうち、特別支援教育に関連した研修会及び講習会を受けた割合」を目標設定している自治体もありますので、単年度における達成率100%が維持されるような仕組みを整えていくことも重要になると考えます。

もう一点、「交流及び共同学習関連指標」についてもインクルーシブ教育システムをより一層充実させていく上では、極めて重要な政策指標だと考えています。調査の段階では、7つの自治体で設定されていましたが、徐々に特別支援学校に在籍する児童生徒が地域の小中学校等に「副次的な籍」を置く取組が増えてきていますので、これらの政策指標を導入することにより、障害のある子供と障害のない子供が今まで以上にともに学ぶ仕組みを充実させていくことが大切だと考えます。

05

特別支援教育の政策予算 どのような事業に 取り組まれているのか？

関連文献

- 文部科学省「令和６年度文部科学省　概算要求等の発表資料一覧」

- 文部科学省「家庭と教育と福祉の連携『トライアングル』プロジェクト　～障害のある子と家族をもっと元気に～」

解説

特別支援教育の推進に関わって、国の予算はどのような意図をもって編成されているか、読者の皆様と一緒に見てみたいと思います。

国の予算編成や決定までの大まかな流れは、当該年度の前年度、つまり、２０２５年度の予算であれば、２０２４年度中に編成されることになります。各省庁は、前年度の8月末までに「概算要求」という形で財務省に提出し、その年の12月頃までの期間をかけて査定・折衝が繰り広げられ、概ねクリスマスの時期に「政府案」という形で閣議決定されます。ここで本格的な決定ではなく、年明けの国会において審議され、衆議院や参議院での激しい攻防の末、3月末までに成立するという経緯を辿ることが一般的な流れです。

筆者は担当省庁（各課等）の政策の意図やねらい、予算規模を知る上では、最終的な決定ではないにしても「概算要求」段階の資料を見ることがポイントだと考えています。現在のところ、特別支援教育の方向性としてはインクルーシブ教育システムの構築や充実の道筋をつけることが政策上の重要課題になっていますので、具体的にどのような事業を企画して展開しようとしているのか、それによってどのような政策効果を導き出そうとしているのかを推し量ることができるのも事業計画書を確認することで可能となります。各省庁からは事業スキームを一枚のポンチ絵にした資料が添付される場合も多くありますので、そのような資料を確認されることもお勧めしたいと思います。

さて、特別支援教育分野で現在、最も重要なキーワードは「切れ目ない支援体制構築」ということになるでしょう。このキーワードに向けて特別支援教育を充実させるという観点から様々な事業が企画・立案されています。もっとも、このキーワードが予算編成上、出てくるようになったのは、２０１７年度の概算要求段階からでした。つまり、２０１６年度中にこの予算案が作成された訳ですが、その時点で話題になっていたことと言えば、「障害を理由とする差別の解消の推進に関する法律」が４月に施行されたり、同年５月に「発達障害者支援法の一部を改正する法律」が成立したりしたことでした。

このような状況の中で「特別な支援を必要とする子供への就学前から学齢期、社会参加までの切れ目ない支援体制整備」という事項が新規の取組事項として「インクルーシブ教育システム推進事業」の一部に位置付けられました。この意図は、**「特別な支援を必要と**

する子供について、就学前から卒業後にわたる切れ目ない支援体制の整備を促すため、教育部局と福祉・保健・医療・労働等の部局が連携し一貫した支援体制を構築する地域を支援する」目的で立案されたものです。縦割りの行政機関の狭間で、子供たちに支援の滞りが出ないよう、行政の垣根を越えて、部局を横断する視点から施策を展開するものです。この流れはやがて、文部科学省と厚生労働省が連携した家庭と教育と福祉の連携の枠組みである「トライアングル」プロジェクトの発足につながり、学校教育法施行規則の一部を改正して個別の教育支援計画の作成について規定されたり、当該計画の作成に当たっては、本人・保護者の意向を踏まえつつ、医療、保健、福祉、労働等の関係機関や民間団体と支援に関する必要な情報の共有を図ることについて規定されたりしたところです。施策の展開によって、子供たちはもとより、保護者や関係者が学びやすく暮らしやすくなるような制度設計につなげられ、具体的な省令の改正にまで至るような予算編成も行われています。

ここで紹介した予算編成は、ほんの一例ではありますが、これ以外にも例えば、発達障害や聴覚障害等、特定の障害種を対象とした早期支援や連携体制の構築を目指す事業を計画したり、ＩＣＴを活用した学習活動、職業教育、自立活動の指導の充実に資する調査研究を実施したりするための予算編成を行いながら特別支援教育の充実が図られています。

オピニオン

特別支援教育に係る予算編成については、当該分野のみならず、教育政策全体の動きの中で連動しながら取り組むべき事業があります。例えば、新型コロナウイルス感染症の流行下においては、子供たちの学びを止めないために1人1台タブレット端末の整備を含め、オンラインによる学習環境の整備が大きな課題となりました。また、教育DX（デジタルトランスフォーメーション）の推進についても話題となる中で、デジタルデータの利活用についても取組を進展させるための予算編成が必要となります。更に、約10年に一度、改訂される学習指導要領については、その周知・徹底を図ることや学習・指導方法の改善・充実に係る実践研究のための予算編成を実施することは、どの校種においても重要な政策課題に対する取組となります。

一方で、特別支援教育分野に固有の政策課題も多様に存在していますから、その解決に向けた事業計画や予算編成は大変、重要になります。例えば、医療的ケアを必要とする子供たちが安心・安全な環境下で教育を受けることができるよう、看護職員の人材確保と配置を行うこと、保護者の付き添いをはじめとする負担軽減のための調査研究予算を確保すること、病気療養中の児童生徒に対するオンデマンド型授業の実施や評価方法の開発に関する調査研究を実施したりすることなど、特別支援教育分野ならではの予算の確保の重要性も指摘できます。

国の予算編成に関わっては、当然、一定のルールや方針に基づいて取り組まれるものですが、特に「経済財政運営と改革の基本方針」(俗に言う「骨太の方針」)に盛り込まれた政策意図や今後の方向性を踏まえながら設計されていきます。多くの政治評論家たちが、大切なことは、この国の在り方をどのように変えていくのか、発展させていきたいのかというビジョンをもつことだと語るように、特別支援教育の推進施策についても、「共生する社会」の具体の像をどのように描き、そこに向けた取組を特別支援教育分野において、どのように展開していくか、進展させていきたいのかという Big Picture (ビッグピクチャー)、つまり大局観をもちながら展開することだと考えます。その具体の像のもとに、短期・中期・長期的な視点で資本を投下し、随時、その政策効果を評価しながら変更や修正・改善を図っていくといった地道な取組が必要であると考えています。

06

通常の学級の8.8%が「特別な教育的支援」を必要としている？

統計的な意味・調査データの精密性を考える

関連文献

- 文部科学省「通常の学級に在籍する特別な教育的支援を必要とする児童生徒に関する調査結果について」（2022年12月13日）

- 文部科学省「通常の学級に在籍する障害のある児童生徒への支援に係る方策について（通知）」（2023年３月13日）

解説

2022年12月13日に「通常の学級に在籍する特別な教育的支援を必要とする児童生徒に関する調査」の結果が公表されました。

この調査は、2002年に初めて実施された「通常の学級に在籍する特別な教育的支援を必要とする児童生徒に関する全国実態調査」や2012年に実施の「通常の学級に在籍する発達障害の可能性のある特別な教育的支援を必要とする児童生徒に関する調査」に続く3回目の調査で、概ね10年おきに実施されています。調査の趣旨は、**「通常の学級に在籍する特別な教育的支援を必要とする児童生徒の実態と支援の状況を明らかにし、今後の施策の在り方等の検討の基礎資料とする」**ことにあります。

さて、この調査結果では、小・中学校の通常の学級に在籍し、「知的発達に遅れはないものの学習面又は行動面で著しい困難を示す」児童生徒の推定値は8.8%となっていました。

この推定値について、誤解のないようにしていただきたいのは小学校1年生から中学校

３年生までの９学年をトータルで見た場合の数値で、学年ごとに見ていくと小学校１年生の12.0％から中学校３年生の4.2％まで、かなりの幅がある実態となっています（表４参照）。しかも、それらの数値は「点推定」の値として表されているのですが、この調査では、信頼区間（幅）を設けて「区間推定」の値も示されています。

「95％信頼区間」の意味については、**「95％の確率で悉皆調査の場合の集計結果を含む範囲」**と解説されています。なお、「悉皆調査」とは対象（母集団）となる「全国の公立の小・中学校の通常の学級に在籍する全ての児童生徒」に対して調査を実施することです。しかし、そのような調査は極めて困難ですので、サンプル（標本）を抽出して、そこから「真の値」を、幅を設けて推定しているのです。「95％信頼区間」とは、仮に同様の調査を100回実施して区間推定を実施すると95回程度はその区間内に「真の値」が入り、稀に５回程度はその区間から外れることを示します。

今回の調査で、その値の幅は8.4％〜9.3％と示されています。実は、この数値について、２０１２年の調査でも公表されていたのですが、その値は6.2％〜6.8％でした。ちなみに２００２年の調査では、区間推定値は示されておらず、点推定値では6.3％となっていました。

表４　小学校・中学校の全体及び学年別の集計結果

	推定値（95%信頼区間）			
	学習面又は行動面で著しい困難を示す	学習面で著しい困難を示す	行動面で著しい困難を示す	学習面と行動面ともに著しい困難を示す
小学校・中学校	8.8%（8.4%～9.3%）	6.5%（6.1%～6.9%）	4.7%（4.4%～5.0%）	2.3%（2.1%～2.6%）
	学習面又は行動面で著しい困難を示す	学習面で著しい困難を示す	「不注意」又は「多動性－衝動性」の問題を著しく示す	「対人関係やこだわり等」の問題を著しく示す
小学校	10.4%（9.8%～11.1%）	7.8%（7.3%～8.3%）	4.7%（4.3%～5.1%）	2.0%（1.7%～2.3%）
第１学年	12.0%（10.7%～13.5%）	9.1%（8.0%～10.4%）	5.6%（4.8%～6.5%）	2.0%（1.5%～2.7%）
第２学年	12.4%（11.2%～13.7%）	9.0%（8.0%～10.1%）	5.8%（5.0%～6.7%）	2.4%（1.8%～3.0%）
第３学年	11.0%（9.8%～12.2%）	8.2%（7.3%～9.3%）	5.1%（4.3%～5.9%）	2.1%（1.6%～2.8%）
第４学年	9.8%（8.8%～10.9%）	7.3%（6.5%～8.3%）	4.5%（3.8%～5.2%）	1.5%（1.1%～2.0%）
第５学年	8.6%（7.6%～9.8%）	6.8%（5.8%～7.8%）	3.7%（3.1%～4.4%）	1.9%（1.5%～2.5%）
第６学年	8.9%（7.8%～10.1%）	6.4%（5.4%～7.4%）	3.8%（3.2%～4.6%）	1.9%（1.5%～2.5%）
中学校	5.6%（5.0%～6.2%）	3.7%（3.3%～4.2%）	2.6%（2.3%～3.0%）	1.1%（0.9%～1.3%）
第１学年	6.2%（5.3%～7.2%）	4.1%（3.4%～5.0%）	3.0%（2.4%～3.6%）	1.3%（0.9%～1.7%）
第２学年	6.3%（5.4%～7.3%）	4.1%（3.4%～5.0%）	3.3%（2.6%～4.0%）	1.2%（0.9%～1.7%）
第３学年	4.2%（3.5%～5.1%）	2.9%（2.3%～3.6%）	1.6%（1.2%～2.1%）	0.8%（0.5%～1.2%）

※文部科学省「通常の学級に在籍する特別な教育的支援を必要とする児童生徒に関する調査結果について」（2022）をもとに作成

この6.3%という数値は2012年の区間推定値である6.2%〜6.8%の幅の中におさまっていますので、筆者は2022年の調査結果もこの幅の中に入るのではないかと推測していました。

しかし、結果は大きく異なるもので、そのインパクトは極めて大きいものでした。

もっとも、ここで気を付けておかなければならないのは、過去3回にわたる調査が全て同じような方法で対象地域の選定や学校・児童生徒の抽出が行われている訳ではなく、質問項目も一部で見直しが図られていることから「単純比較」はできないという点です。

それにしても社会に与えるニュースの影響は大きいものがありましたので、各種メディア等では単純化して「35人学級で3人程度」と報道されていますが、実は小学校の低学年では11.2%〜13.7%の推定値となっていますので、上振れると35人学級で5人前後に学習面又は行動面で著しい困難を示すケースも考えられます。それらの児童生徒が充実感や達成感を抱きながら学校生活を送ることができにくい状況にある可能性や教師が対応に苦慮している状況なども容易に推察できます。

これに加えて考慮すべき事項として、本調査では「知的発達に遅れはない」ことが前提となっている点です。実際の学級の中には、知的発達の遅れを伴う児童生徒や境界領域にある児童生徒の存在も推察されますから、より一層きめ細やかな支援体制の充実を図っていくべき状況にあると言えます。

オピニオン

統計データは、教育行政分野のみならず医療や福祉等の他の行政分野においても施策を検討する際に重要な手掛かりとなります。また、過去から積み上げたデータは、未来を展望する上でも重要な役割を果たします。その点で、今回の調査結果が厳密には調査方法等の違いによって過去の結果とは単純に比較できにくい状況になっており、今後に向けて改善の余地があると言えます。つまり、この種の調査については、可能な限り条件を統一して、比較を可能にし、原因の究明や課題解決の糸口となる方策の検討に資するデータとすることが重要です。

また、現状では10年に一度のサイクルで調査が実施されていますが、「10年ひと昔」とはよく言ったものの、時代の移り変わりが加速度を増している状況下において、極めて間隔が空きすぎるきらいがあると考えます。もちろん、調査を実施するとなると学校現場や教育委員会等の教職員の方々をはじめ関係する方々に対して負担になり、働き方改革が求められている昨今の状況からするとバランス感覚をもった調査間隔の設定が必要になると考えます。

教育分野では、経済協力開発機構（OECD）の学習到達度調査（PISA）が3年に一度、国際教育到達度評価学会（IEA）が実施する国際数学・理科教育動向調査（TIMSS）が4年に一度実施されています。ちなみに国勢調査が5年に一度の頻度で実施されることを参考にすると、3～5年に一度程度の頻度で実施し、しかも過去のデータと比較を可能とする丁寧なデータの蓄積により、本当の意味での施策検討に生かしていくことが重要ではないでしょうか。

また、今回の調査結果では10年前の6.5％から8.8％に数値が増加していることの理由の一つとして「通常の学級の担任を含む教師や保護者の特別支援教育に関する理解」が進んでいることが挙げられていますが、これを示す根拠データは特に示されていません。

もちろん、筆者自身も特別支援教育の理解が進んだり、認知度が高まったりしている感覚を抱いていますが、「特別支援教育の認知度の高まり」が学習上又は生活上の困難さを抱えている児童生徒の「割合の変化」を説明する要因としてどの程度、寄与しているか明らかにすることも統計学的な見地から重要になってくると考えています。

07

通常の学級の8.8％が「特別な教育的支援」を必要としている？ 必要な支援は行き届いているのか？

関連文献

- 文部科学省「通常の学級に在籍する特別な教育的支援を必要とする児童生徒に関する調査結果について」（2022年12月13日）

- 文部科学省「通常の学級に在籍する障害のある児童生徒への支援に係る方策について（通知）」（2023年 3 月13日）

解説

さて、前項では統計的な解釈に焦点を絞りましたが、ここでは支援が必要な児童生徒にどの程度の支援が実施されているかという点に注目したいと思います。

読者の皆様もご承知の通り、２０１７年の学習指導要領の改訂で、小・中学校の特別支援学級に在籍している児童生徒と通級による指導を受けている児童生徒には、個別の教育支援計画や個別の指導計画を作成し、活用することが規定されました。ちなみに、特別支援学級に在籍していなかったり、通級による指導を受けていなかったりする場合でも障害のある児童生徒（学習上又は生活上の困難さのある児童生徒）が通常の学級に在籍している訳ですが、それらの児童生徒に対しては、両計画に関する作成や活用の「義務」は課されていないものの、「作成し活用することに努める」ことと規定されています。

調査結果をもとに、どの程度の児童生徒に実際上、作成されているかという点について、義務教育段階の8.8％に該当する児童生徒を分母とした場合、その結果は個別の教育支援計画で18.1％、個別の指導計画で21.4％という数値でした（表５参照）。高等学校段階では更に

表５　小学校・中学校：推定値8.8%，高等学校：推定値2.2%の児童生徒が受けている支援の状況

（　）内は95%信頼区間

Q.「個別の教育支援計画」を作成しているか	小学校・中学校	高等学校
作成している	18.1%（16.0%～20.5%）	10.5%（4.0%～24.8%）
作成していない	79.7%（74.8%～83.8%）	87.6%（50.4%～98.0%）
現在はないが過去に作成していた	1.8%（1.4%～2.3%）	1.5%（0.7%～3.0%）
不明	0.4%（0.2%～0.9%）	0.4%（0.1%～1.6%）
Q.「個別の指導計画」を作成しているか	小学校・中学校	高等学校
作成している	21.4%（19.1%～24.0%）	10.8%（4.1%～25.4%）
作成していない	75.8%（71.1%～79.9%）	87.0%（51.7%～97.7%）
現在はないが過去に作成していた	2.3%（1.8%～2.9%）	1.6%（0.8%～3.2%）
不明	0.5%（0.2%～1.0%）	0.6%（0.2%～1.8%）

※文部科学省「通常の学級に在籍する特別な教育的支援を必要とする児童生徒に関する調査結果について」（2022）をもとに作成

表６　小学校・中学校：推定値8.8%，高等学校：推定値2.2%の児童生徒のうち，校内委員会において現在，特別な教育的支援が必要と判断された児童生徒が受けている支援の状況

（　）内は95%信頼区間

Q.「個別の教育支援計画」を作成しているか	小学校・中学校	高等学校
作成している	48.8%（42.1%～55.6%）	41.4%（13.8%～75.7%）
作成していない	48.4%（41.8%～55.1%）	57.1%（14.8%～91.1%）
現在はないが過去に作成していた	2.8%（1.9%～4.0%）	1.5%（0.3%～6.2%）
不明	—	—
Q.「個別の指導計画」を作成しているか	小学校・中学校	高等学校
作成している	54.2%（47.1%～61.1%）	42.5%（13.6%～77.7%）
作成していない	42.5%（36.2%～49.1%）	56.0%（14.5%～90.5%）
現在はないが過去に作成していた	3.3%（2.3%～4.7%）	1.5%（0.3%～6.2%）
不明	0.1%（0.0%～0.4%）	—

※文部科学省「通常の学級に在籍する特別な教育的支援を必要とする児童生徒に関する調査結果について」（2022）をもとに作成

この半分程度まで作成率が低下します。義務教育段階では、学習上又は生活上の困難さが認められる児童生徒約５人に対して１人の割合で作成され、高等学校段階では約10人に１人の割合となっています。

また、義務教育段階の8.8％に該当する児童生徒、高等学校段階の2.2％に該当する生徒に対して、校内委員会で、特別な教育的支援が必要とされているかを調査した結果、義務教育段階では28.7％、高等学校段階では20.3％が必要と判断されている状況があります。この結果を素直に解釈すれば、困難さの状況と適応の状況には一定程度の乖離があるとも捉えられます。つまり、数値的には困難さの状況が高く出ている場合でも、支援を必要とすると判断される段階には至っていない児童生徒、あるいは、学習や学校生活に適応できていると判断される児童生徒が多数在籍しているという状況です。

もう一点、看過できない点は、校内委員会で支援が必要と判断されているにもかかわらず、個別の教育支援計画や個別の指導計画の作成率が低い点です。調査結果からは、校内委員会において支援が必要と判断された児童生徒を分母とした場合、個別の指導計画について、義務教育段階では54.2％、高等学校段階では42.5％の割合で作成されていました（表６参照）。この状況についても、作成率や活用の頻度を上げていくことが望まれます。

オピニオン

先に学習上又は生活上の「困難さの状況」と実際的な学習面や学校生活面での「適応の状況」には一定程度の乖離があるとの見解を示しました。実際は、2つの視点を縦軸と横軸に据えて、分布の状況を確認してみることも重要であると考えます。また、それは言い換えてみれば、「困難さの程度」と「支援の必要性」との関係性を分析してみることが重要ということかもしれません（図2）。

今回の調査結果で、校内委員会において「特別な教育的支援が必要」と判断されるケースが低くなっている点について、懐疑的に見てみると、困難さの状況が高いにもかかわらず、支援の必要性が認められていない点については、児童生徒の困りにまだ、十分には気付けていない状況にあるのではないかという疑問も出てきます。または、支援の資源が十分ではないこと、端的には人手不足、通級による指導の時間の確保等が難しいことなどにより、現段階では「必要」という判断は下さずに、経過を観察するなどの措置を講じている可能性も否定できません。

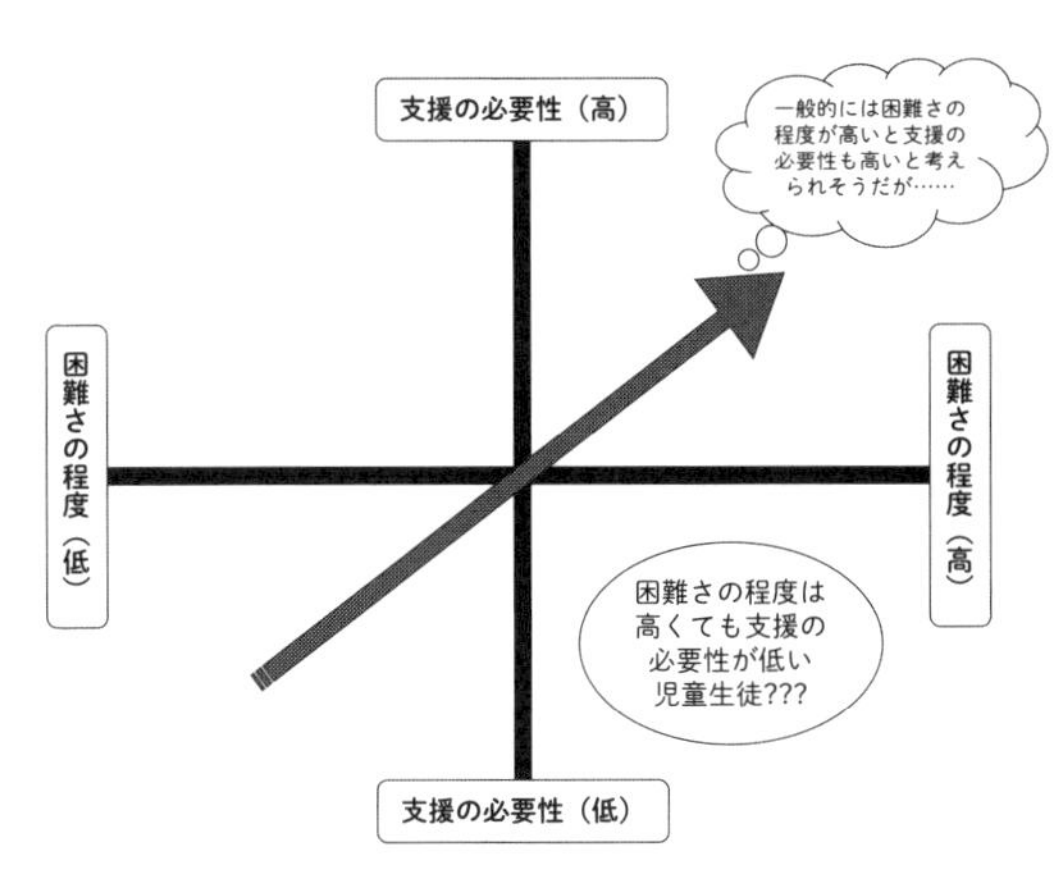

図２　困難さの程度と支援の必要性の関係性

いずれにしても、児童生徒の学習状況や対人関係面、行動面での困難さを十分に観察することと、その結果を校内委員会で共有し、支援の要・不要について、適切な判断ができるようにしていくことが必要です。

その際、校内委員会が十分にその役割や機能が果たせるよう、「特別支援教育推進計画」を作成するなどして、特別支援学校のセンター的な機能の活用や外部資源（物的・人的）の活用も視野に入れながら、いつ、どこで、誰が、どのように校内での実態把握から状況の分析、支援の要・不要の判断、支援の実施とその評価までを具体的に展開していくかについて検討することが重要だと考えます。そのことが校内委員会の形骸化の防止につながることを期待しています。

08

通級による指導は充実しているのか？

対象者の増加とニーズに合わせた形態の工夫

関連文献

・文部科学省「令和３～４年度 特別支援教育に関する調査の結果について」

・文部科学省「発達障害を含む障害のある幼児児童生徒に対する教育支援体制整備ガイドライン」（2017年３月）

解説

文部科学省の統計データによると、通級による指導が制度化された1993年から現在に至るまで、対象者の人数は右肩上がりで増加の傾向を示しています。通級による指導の対象者は、1993年の学校教育法施行規則の一部改正により、**「言語障害者、情緒障害者、弱視者、難聴者、その他心身に故障のある者で、本項の規定により特別の教育課程による教育を行うことが適当なもの」**とされていました。「その他～」とは主に「肢体不自由者や病弱・身体虚弱者」の一部が対象として想定されていました。

当時からLD等のある児童生徒への対応は、検討課題に挙がっていましたが、その後の調査研究等の動きの中で、特殊教育から特別支援教育への転換、LD、ADHD等のある児童生徒に対する教育的支援も重要との議論が交わされる中で、制度改正に至ることとなりました。

2006年の学校教育法施行規則の一部改正では、「学習障害者」と「注意欠陥多動性障害者」が加えられるとともに、それまで「情緒障害者」として対応していた「自閉症者」についても、対象者として明示されることとなって、現在のような対象者の枠組みが整備されました。

直近の動向で注目すべき変化は、2017年度より通級による指導を担当する教員について、対象者13人に1人の割合で配置するという基礎定数化が図られ、2017年度から2026年度までの10年間で段階的に実施されていることが挙げられます。また、2018年度より高等学校における通級による指導が制度化されたことも、今後、更に対象者の数の増加につながる可能性が考えられます。

さて、通級による指導の実施形態には、「児童生徒が在籍する学校において指導を受ける自校通級」、「他の学校に通級し、指導を受ける他校通級」、「通級による指導の担当教師が該当する児童生徒のいる学校に赴き、又は複数の学校を巡回して指導を行う巡回指導」の3つの形態があります。2021年度の調査結果によると全国平均では自校通級が66.3%、他校通級が26.3%、巡回による指導が7.3%となっていました。大まかに捉えると3人に2人が自校通級を利用している状況です。この数値は、実は都道府県別に公表されています。各自治体によっては、この平均値から大きく乖離している状況がありますので、各自治体の特徴や考え方によって、環境整備や取組の状況に特徴が見られるのも事実です。

自校通級の比率が高い上位3つの自治体として、茨城県（88.4％）、東京都（91.7％）、沖縄県（87.1％）の3都県が挙げられます。また、巡回による指導についても同様に比率の高い自治体を見てみると、兵庫県（34.7％）、島根県（46.5％）、香川県（31.0％）の3県で高くなっている状況がうかがえます。

両者の実施形態は、指導を受ける児童生徒の視点に立って考えると、いずれにせよ自校において通級による指導を受けることができる形態となっています。ちなみに自校通級と巡回による指導を合わせて90％以上の自治体は東京都（92.1％）、富山県（99.1％）、福井県（99.0％）、愛知県（96.0％）、沖縄県（94.1％）の5都県となっています。

他校通級は、通級指導教室が自校に設置されていない場合でも、通級による指導が受けられる重要な制度です。また、通級による指導を受けていることを自校の友達に知られたくないという心理的な抵抗感や不安への対応を図る側面、学習環境を変えて、気分を新たに学習に取り組みたいという学習意欲を喚起する側面においても重要な役割を果たしていると考えられます。一方で、他校への移動に掛かる時間を含めて心理的・体力的・経済的な負担や、在籍する学級で、指導の空白となる時間の負担も課題として挙げられています。

オピニオン

指導の充実という観点では、これまで見てきたように対象となる障害の種類の拡大、学校種の拡大、教員の基礎定数化等、制度的な枠組みが整備されることによって充実が図られてきたと言えます。また、２０１７年に告示された小学校・中学校学習指導要領や２０１８年に告示された高等学校学習指導要領上には、通級による指導の中で「自立活動」を参考として取り入れることや、個別の教育支援計画と個別の指導計画を必ず作成し、活用することが規定された点も指導の充実につながる重要な制度改革と言えます。更には自治体における取組の工夫の中で、身近なところで専門的な指導が受けられるような実施形態の工夫や配慮が積み重ねられてきている点も、我が国における重要な特別支援教育体制の充実であると考えられます。

今後は、学校現場レベルでの実際的な指導の充実を図っていくことが、ますます重要になります。そのためには、通級指導担当者による多角的な視点からの実態把握や課題の捉え方の妥当性の向上、指導仮説の組み立て方とその検証方法の精度の向上等、まさに研究の視点を兼ね備えた実践の蓄積が重要になってくると考えられます。もちろん、これらの取組は通級による指導の担当者のみが担えばよいという訳ではありません。通常の学級の担任との連携や教科担当者との連携を含め、校内の様々な関係者をはじめ、校外の専門家や専門機関等との連携がますます重要になってきます。その意味においては、組織的な対応の充実のために、校内委員会の機能強化を図っていくことも重要な視点と言えます。

校内委員会の機能としては、文部科学省から出された「発達障害を含む障害のある幼児児童生徒に対する教育支援体制整備ガイドライン」に次のようなものが挙げられています。

○児童等の障害による学習上又は生活上の困難の状態及び教育的ニーズの把握。
○教育上特別の支援を必要とする児童等に対する支援内容の検討。
○教育上特別の支援を必要とする児童等の状態や支援内容の評価。
○障害による困難やそれに対する支援内容に関する判断を、専門家チームに求めるかどうかの検討。

校内委員会の形骸化が危惧されている状況の中で、カリキュラム・マネジメントの一環としても、校内における特別支援教育推進計画の実質化を図る意味においても校内委員会の機能強化や充実には、特に力を注いでいきたいところです。

09

通級による指導は充実しているのか？知的障害者が対象者にならない理由

関連文献

・文部科学省編著『〈改訂版〉通級による指導の手引　解説とＱ＆Ａ』（2007年）第一法規

・文部科学省「障害のある児童生徒等に対する早期からの一貫した支援について（通知）」（2013年10月４日）

解説

既にお伝えしたように、２００６年の学校教育法施行規則の一部改正によって、通級による指導の対象者が次の通り規定されました。

一　言語障害者
二　自閉症者
三　情緒障害者
四　弱視者
五　難聴者
六　学習障害者
七　注意欠陥多動性障害者
八　その他障害のある者で、この条の規定により特別の教育課程による教育を行うことが適当なものなお、「八　その他障害のある者で〜」について、端的には「肢体不自由者、病弱者及び身体虚弱者」となっています。各障害種の障害の程度については、２０１３年10月４日に文部科学省初等中等教育局長名で出された「障害のある児童生徒等に対する早期からの一貫した支援について（通知）」の中で詳しく述べられていますのでご参照ください。

さて、ここで疑問に挙がってくることとして、特別支援学級や特別支援学校では、「知的障害者」がその対象となっているにもかかわらず、通級による指導の対象とはなっていない点です。これについては、通級による指導の制度化に際して、「通級学級に関する調査研究協力者会議」が立ち上げられ、専門的な審議が行われる中で、通級による指導の対象者等に関して次のような審議のまとめが１９９２年３月30日に出されました（原文のまま一部抜粋）。

精神薄弱については、精神発達の遅れやその特性から、小集団における発達段階に応じた特別な教育課程・指導法が効果的であり、このため原則として、主として特殊学級において、いわゆる固定式により指導することが適切である。

このような流れを受けて、現在に至るまで、学校教育法施行規則の通級による指導の対象者の規定の中に知的障害者である児童生徒は、位置付けられていません。ただし、審議のまとめの中では**「精神薄弱特殊学級の児童生徒が、言語障害特殊学級において言語指導を受ける場合のように、特殊学級に在籍する児童生徒が他の特殊学級等に通って一部特別な指導を受けるケースもわずかながらみられる。このようなケースは、前述した概念規定には必ずしも該当しないが、特に必要と認められる場合については、例外的に『通級』に含めて考えることが適当である」**と述べています。文中にある「前述した概念規定」とは、通級に関する審議を開始した段階で「通級」の概念が定まっていなかった状況を踏まえて、通級とは**「各教科等の授業は主として通常の学級で受けながら、心身の障害の状態等に応じた特別の指導を特殊学級又は特別の指導の場（以下「特殊学級等」という。）で受けること」**と規定したことを指しています。

いずれにしても、「知的障害者」を通級による指導の対象者として位置付けるべきか否かについては、少し議論が曖昧な側面があるようにも感じます。その点について、筆者は障害としての「知的障害」は対象にしなくとも、「知的障害者」そのものを対象者として含めないこととの狭間で起こっている違和感が生じさせる問題ではないかと捉えています。

オピニオン

前ページで述べていることについては、端的には「知的障害」は通級の対象とならなくてもよい。しかしながら、「知的障害者」は通級の対象に成り得るのではないか、ということです。そもそも知的障害とは、知的機能やそれをもとにした適応行動の困難さの側面において、その表れ方が連続体の様相を呈している概念です。今でこそ、自閉スペクトラム症などと「スペクトラム＝連続体」への注目が集まっているのですが、知的障害についても同様に捉えることは可能です。

「知的機能の発揮レベルの連続性」と「適応行動の遂行レベルの連続性」を考慮しながら、そこに随伴する言語や運動、動作、情緒、行動等の様々な困難さを想定するときに、本当に通級による指導の対象とは成り得ないのだろうかと考えてしまうことがあります。お叱りを受けるかもしれませんが、通級による指導では十分な学習の成果が認められない子供たちの知的障害の本質を捉え、学びの場の再検討を促すという考え方の方が制度的にはすっきりとするのかもしれません。また、筆者は通級による指導について「学習の成果」のみを求めてもよいのだろうか?としばしば考えることもあります。

学校教育法施行令第22条の3に該当する障害の程度、つまり、特別支援学校に在籍することが可能な知的障害の程度の児童生徒が一定数、小学校・中学校の通常の学級に在籍していることは統計データからも明らかになっています。一方で、知的水準において境界領域にあると言われる子供たちの存在も気になるところです。

我が国では連続性のある多様な学びの場を整備してインクルーシブ教育システムの充実を図ろうとしている訳ですが、障害のある本人や保護者・関係者は、ただちに適切な学びの場を選択できるとも限りませんし、合意形成を図り、納得解に至るまでには、「話し合い」だけが有効な手立てとも限りません。その際、知的障害があっても通級による指導を活用しながら、経過を見極めて、改めて適切な学びの場の選択につなげていくことも重要な意思決定のプロセスになるのではないでしょうか。

「学びの場の選択の満足度や納得度」を特別支援教育の政策指標として掲げ、その高まりを求める必要があると考える筆者自身としては、やはり学びの場の選択肢として障害の程度は様々であれ、知的障害者を対象に位置付ける余地は十分にあると考えています。

10

特別支援学級在籍者数の増加ますます増えていく一方か？

関連文献

- 文部科学省「特別支援教育資料関連」

- 文部科学省「特別支援学校教育要領・学習指導要領解説　自立活動編（幼稚部・小学部・中学部）」（2018年３月）

解説

特別支援教育の対象者数が増加傾向にあることは、本書の様々なテーマと関わって述べてきたところですが、とりわけその比率が高い特別支援学級の児童生徒数の推移や在籍率の推移、対前年度増減率の推移には注目が必要だと考えています。項目02では、増加率の根強さを見るために2種類の移動平均値を求めていると述べましたが、具体的には次ページの図3の通りです。

5年移動平均値と3年移動平均値を求めていますが、5年移動平均値は当該年度を含めて過去5年の数値を全て加算し、5で割った数値です。3年移動平均値も同様に過去3年の数値を全て加算し、3で割って求めます。長期的な動き（5年）はゆるやかに変化していく傾向を示しますが、それに対して短期的な動き（3年）は、比較的に素早く変化します。

グラフを見ていただければお分かりの通り、直近では3年移動平均が5年移動平均に交差するような形で下降気味になっています。我が国では学校教育制度が6・3・3年制を

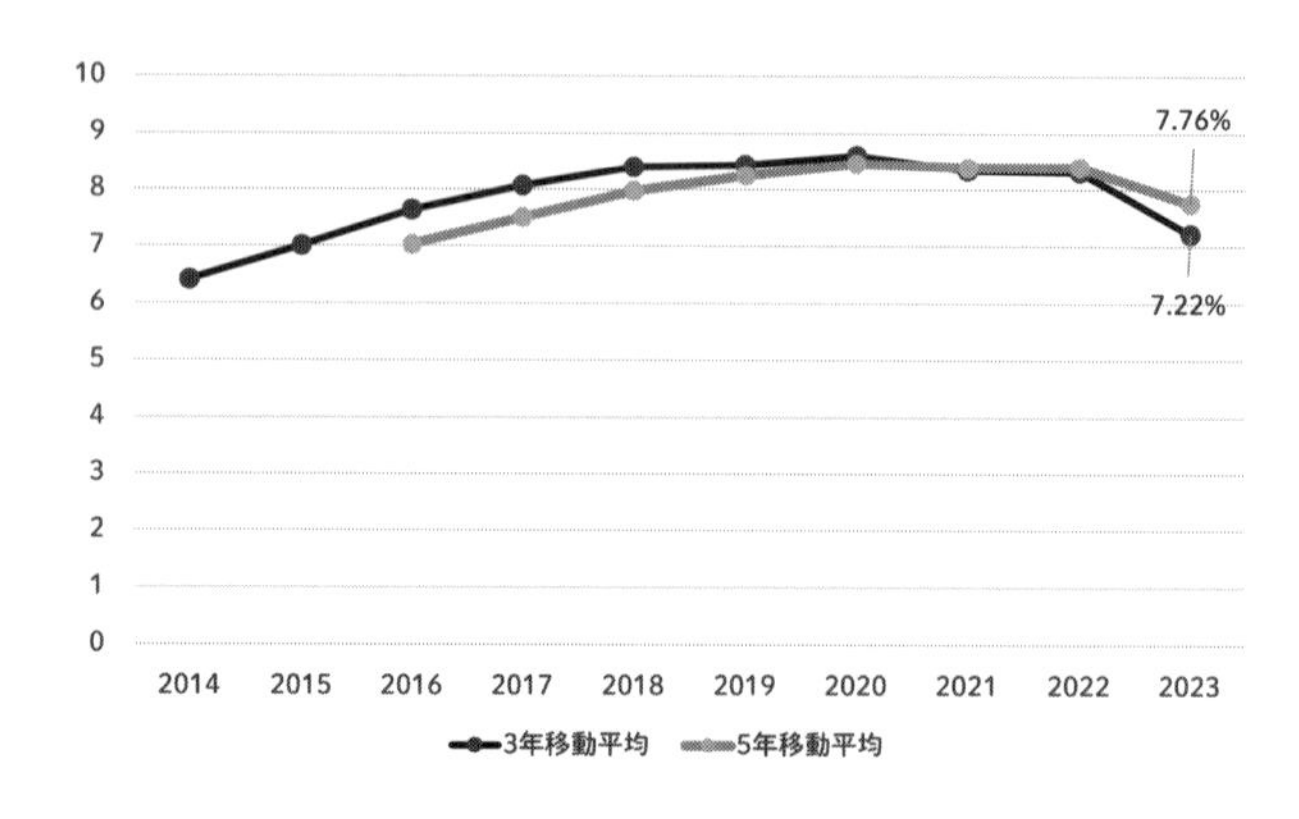

図３　２種類の移動平均線で見る対前年度増減率の差

中心としていますので、長期的な視点としては６年移動平均ぐらいで見る方が適切なのかもしれませんが、区切りのよいところで、長期を５年として見ました。

３年移動平均が下降気味になっているので、この傾向が続くとも、一転して上昇するとも言い切れないのですが、いずれにしても対前年度増減率が一気にマイナス圏に入ることは考えにくく、引き続き、数年程度は増加の傾向を示すであろうことが予測されます。もっとも、出生数が激減していることの影響は、今後、いずれかの年に表れることになるでしょうが、振り返ってみるとそれが２０２３年度だったということになっても不思議ではありません。

もう一つの指標として、特別支援学級への在籍率にも着目してみたいと思います。ここでは、特別支

表７　特別支援学級への在籍率

特別支援学級への在籍率（特別支援学級児童生徒数÷義務教育段階の全児童生徒数〈特別支援学校在籍者を含む〉）（単位＝％）	2011	2012	2013	2014	2015	2016	2017
	1.47	1.58	1.70	1.84	2.00	2.18	2.39
	2018	2019	2020	2021	2022	2023	2024
	2.62	2.86	3.13	3.40	3.71	3.96	?

援学校に在籍する義務教育段階の児童生徒を含めた全ての義務教育段階の児童生徒数を分母として、小・中学校の特別支援学級に在籍する児童生徒を分子に据えて、比率を計算しています（表７参照）。

データは２０１１年度分から掲載していますが、２０２３年度まで年々増加している状況が見て取れると思います。このまま増加の傾向を辿れば、４％水準まで到達することも想定されます。興味深いのは、２０２３年度に「対前年度増減率」が5.48％（項目02）となっており、それまでの８％前後の推移からやや鈍化しているにもかかわらず、２０２３年度の「在籍率」が3.96％に上昇している点です。やはりこの現象の背景にも児童生徒数の減少の影響が少なからずあるものと考えられますが、学年別の増減率をより細かく分析する視点の必要性も感じているところです。可能性としては、新１年生段階では、通常の学級に在籍するケースが増えたものの、その後の学年では、特別支援学級へ学びの場を変更するケースが増えるなど、少しずつ、これまでの変化とは内部構造が変わってきていることも考えられます。

オピニオン

特別支援学級の中でも、知的障害特別支援学級と自閉症・情緒障害特別支援学級の児童生徒数が増加傾向にあることはよく知られています。

2015年度までは、小学校・中学校ともに知的障害特別支援学級に在籍する児童生徒の数が最も多かったのですが、2016年度には、小学校で自閉症・情緒障害特別支援学級に在籍する児童数の方が、知的障害特別支援学級の児童数を上回りました。それでもまだ、小・中学校を合計すると、知的障害特別支援学級に在籍する児童生徒数の方が多かったのですが、2018年度になると、小・中学校を合計した児童生徒数で、自閉症・情緒障害特別支援学級に在籍する児童生徒数の方が多くなりました。2021年度からは、小・中学校ともに自閉症・情緒障害特別支援学級に在籍する数が多くなっています。

これらの実態を踏まえると、知的障害はもとより、自閉症・情緒障害のある児童生徒への教育的対応の充実が急務となっていますが、個々の障害の状態等を踏まえると教育的ニーズも様々であり、よりきめ細やかに対応するためには体制面の整備も重要です。

特に教育課程編成上は、自立活動を取り入れることが必須となったことから、担当教員の自立活動に関する理解の深まりはもとより、実態把握から指導すべき課題の整理、指導目標を設定したり、具体的な指導内容を設定したりする流れの実質化といった実践的な指導力をどのように担保するかという点がクローズアップされていきます。

随所でお伝えしているように、特別支援教育の専門性の中核はこの「自立活動」の理解と実践力に他なりません。しかしながら、短時間・短期間で身に付けることには、やはり難しさを伴います。知識や経験を蓄える時間や場の設計と、それらを共有し、切磋琢磨し合える関係づくりを含めた教育・研究・研修環境のデザインを、教員個人が、そして各学校組織が検討することも重要です。また、学校現場をバックアップする教育行政機関等が相乗効果を発揮できるように設計することも必要になります。

もちろん、このことは、自閉症・情緒障害特別支援学級を担当する教員のみならず、その他の特別支援学級を担当する教員にも同様のことが言えますし、「学校種」や「学びの場」を超えて、特別支援教育に携わる全ての教員に対しても、同様のことを考えていく必要があります。

11

特別支援学級の交流及び共同学習時間を半分以下にする通知の意図は？

関連文献

- 文部科学省「特別支援学級及び通級による指導の適切な運用について（通知）」（2022年４月27日）
- 文部科学省「交流及び共同学習ガイド」（2019年３月）

解説

2022年4月27日付で文部科学省より「特別支援学級及び通級による指導の適切な運用について（通知）」（4文科初第375号）と題する通知が発出されました。この通知の趣旨を端的に述べると、「学びの場の客観的かつ適切な判断」と「特別の教育課程の適切な編成及び実施」となると捉えます。

国連の勧告にも本通知は取り上げられていますが、特に焦点が当てられているのは**「特別支援学級に在籍している児童生徒については、原則として週の授業時数の半分以上を目安として特別支援学級において児童生徒の一人一人の障害の状態や特性及び心身の発達の段階等に応じた授業を行うこと」**とされたことです。

通知の前後の文脈も合わせて捉えることが重要だと考えますが、文部科学省の見解では、連続性のある多様な学びの場を整備している我が国のインクルーシブ教育システムの中で、交流及び共同学習を進めることも重要な施策であることには変わりがないということです。

しかし、その交流及び共同学習を実施する際には**「特別支援学級に在籍している児童生**

徒が、**通常の学級で各教科等の授業内容が分かり学習活動に参加している実感・達成感をもちながら、充実した時間を過ごしていることが重要である」**とも述べられているように、単に**「相互の触れ合いを通じて豊かな人間性を育むことを目的とする『交流』の側面」**だけでなく、**「教科等のねらいの達成を目的とする『共同学習』の側面」**を一体的に捉えて実施する必要があることを指摘しています。

また、大半の時間を通常の学級で過ごすことができるのであれば、学びの場の選択としては、通常の学級で学習しながら、必要に応じて通級による指導を受けることを検討するなど、我が国のインクルーシブ教育システムを適切に運用する意図があると考えられます。

もう一点、重要な指摘事項は、障害による学習上・生活上の困難さを改善・克服するための特別の指導領域である「自立活動」について、**「特別の教育課程を編成しているにもかかわらず、自立活動の時間が設けられていない」**ことが挙げられます。2017年の学習指導要領の改訂により、特別支援学級では自立活動を取り入れることが規定されました。この点で適切な教育課程の編成と実施に関わっては、**「障害の状態や特性及び心身の発達の段階等に応じた指導」**が十分に行われていない事例もあることなどから、適切な学びの場の選択と同時に適切な教育課程の編成とその実施を促す意図があるものと考えられます。

それでは、どうしてここまで学校が、特別支援学級に在籍させることとした上で、交流及び共同学習を推進しようとしているのか考えてみたいと思います。

一つには、自治体独自の考え方として、従前から、言い換えれば歴史的にも古くから障害のある子供たちが障害のない子供たちと分け隔てなく学べる環境を整えるという思想や施策が展開されてきた中で、適切な学びの場としては、やはり特別支援学級が相応しいと判断されるものの、何とか通常の学級の子供たちと一緒に学ばせたいという願いや意図を具体的な形にしてきた経緯が考えられます。また、障害者の権利に関する条約への批准に前後して、地方分権改革が進む中で自治体の発意によって、同様の考え方や取組が広がっていることも推察されます。

もう一つには、学校現場の多様な課題を解決するために、教員の指導体制を充実させたいと願うのは、教育関係者であれば誰しもが同じ思いをもつものと考えられますが、仮に特別支援学級の児童生徒数が学級定員ギリギリの状況で、次に入学・転入してくる児童生徒の学びの場の選択が悩ましい状況にあるときに、学校・保護者等間でどのような説明がなされ、どのような合意形成がなされやすいのかという点も挙げられるのだと推察します。

オピニオン

前ページで最後に挙げた「仮」の話は、通知の中で、**「例えば、次年度に特別支援学級から通常の学級への学びの場の変更を検討している児童生徒について、段階的に交流及び共同学習の時数を増やしている等、当該児童生徒にとっての教育上の必要性がある場合においては、この限りではない」**とされていることに留意が必要です。学校現場の逼迫化した指導体制のもとで、どのような選択・判断となりやすいかを極端な仮の例で説明している点を予め断っておきます。筆者自身、常に、どこの学校や自治体でも、同様の選択・判断が行われている訳ではないことは、大学教員として、また、研究者として様々な学校や教育委員会等とも関わらせていただいていますので、重々承知しています。

しかしながら一方で、学びの場の変更を検討している訳ではないにもかかわらず、特別支援学級に在籍し、週の授業時数の大部分の時間を通常の学級で過ごしたり、特別の教育課程の編成や実施が適切に行われていなかったりする状況が常態化しているようであれば、教育の振興に関わる監督官庁として、その適正化を図る必要があり、一定のルールを設定し、通知の発出へとつながったものと考えられます。

いずれにしても、通知の発出に関する撤回の勧告が厳然たる事実としてあるときに、並行する形で今後の我が国のインクルーシブ教育システムの更なる充実・発展を考えていく際、止揚すべき大切な課題の一つであることは間違いないと感じています。

かつて我が国では、封建制度が終焉を迎えたとき、「広く会議をおこし、万機公論に決すべし」と唱えられました。その後、紆余曲折はあったものの平和で民主的な国家を形成し、「合意形成」を大切にする国民文化と教育制度を築いてきました。筆者自身、この課題と丁寧に向き合い、次の扉を開くための準備や議論を国内はもとより、国際社会と引き続き、継続していくことが重要であると考えています。

とりわけ学級編制や教職員定数の標準に係る議論と教育課程編成の基準に関する継続的な議論は、障害のある子供たちも含めた将来にわたる子供たち全体の学習環境をより豊かにしていくために重要であり、欠かすことのできないテーマであると考えています。通知発出の背後には、そのような意図も込められていると解すれば、我が国のインクルーシブ教育システムの更なる進展に期待がもてるとも感じているところです。

12

特別支援学校の増加と副次的な籍の取組の進展

可能性と限界は？

関連文献

- 文部科学省初等中等教育局特別支援教育課著・全国特別支援教育推進連盟編『特別支援教育における交流及び共同学習の推進～学校経営の視点から～』（2023年）ジアース教育新社

- 文部科学省「養護学校の義務制実施への道」

解説

特別支援学校の在籍児童生徒数が年々、増加の傾向にあることは、既にお伝えした通りです。これに伴って特別支援学校の数も増加の傾向にあります。

図４は、50年間の特別支援学校数の推移を表したグラフですが、養護学校が義務化された１９７９年を基準にすると概ね1.4倍に増加しています。

養護学校の義務化に向けては、１９７２年度を初年度とした「特殊教育拡充計画」が策定され、「養護学校整備七年計画」が立てられたこともあって、最終年度となる１９７８年度までに、全ての対象学齢児童生徒を就学させるのに必要な養護学校の整備が図られました。グラフ上でも１９７４年から１９７８年までの勾配が急角度になっており、１９７９年に一気に160校ほど増加した様子がお分かりいただけると思います。

このように制度の改革が行われると、その地点を起点とした変化が顕著になってきますし、影響は様々な側面に及ぶこととなります。現在、国の事業として「インクルーシブな学校運営モデル事業」が展開されていますが、この事業の趣旨を反映すると、将来的には

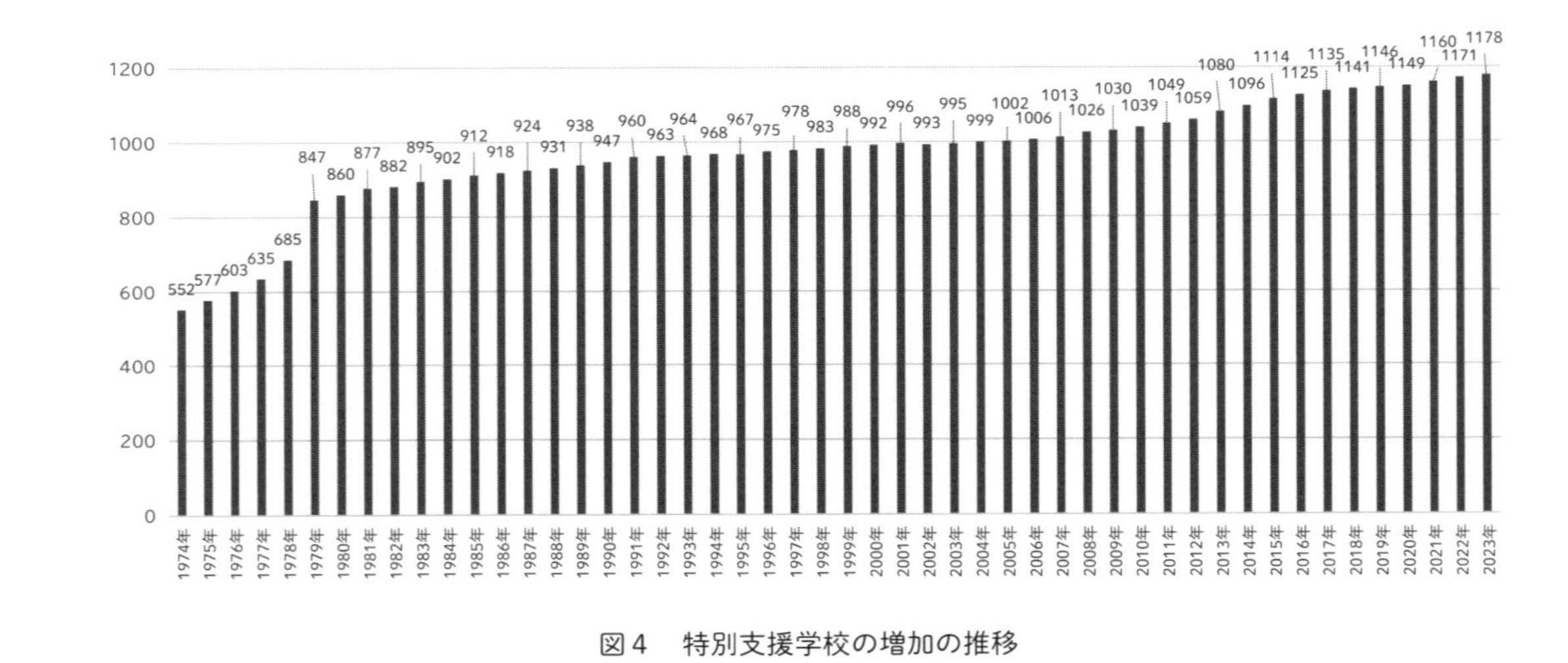

図4　特別支援学校の増加の推移
（文部科学省「特別支援教育資料」をもとに作成）

特別支援学校の数そのものが、極端に変動する可能性も考えられなくはありません。

この事業は、障害のある児童生徒と障害のない児童生徒が、交流及び共同学習を発展的に進めながら、一緒に教育を受ける機会をより多くつくるとともに、柔軟な教育課程や指導体制の構築を目指して、特別支援学校と小・中・高等学校のいずれかを一体的に運営するモデル事業です。

小・中学校の設置主体は市町村の教育委員会である場合が圧倒的に多い訳ですが、都道府県立である場合が多い特別支援学校の小・中学部（義務教育段階）を、小・中学校と一体的に運営する自治体の取組が進展すると、もしかしたら特別支援学校の数が更に増加するかもしれません。一方で、特別支援学校の子供たちが、地域の小・中学校や高等学校の中でともに学ぶ仕組みづくりや動きが自治体の積極的な施策展開によって加速すると、特別支援学校の数は減少に転じる可能性も考えられます。

現在の制度では、基本的に小・中学校の設置義務が市町村、特別支援学校の設置義務が都道府県に課されているのですが、インクルーシブ教育システムを充実させ、障害のある子供と障害のない子供がともに学ぶシステムの更なる発展を考えると、特別支援学校の設置義務を市町村に変更することについて考えられなくはありません。

オピニオン

近年、障害のある児童生徒と障害のない児童生徒がともに学ぶ仕組みを検討する際に、「副次的な籍」を導入する自治体が増えつつあります。副次的な籍の取組とは、特別支援学校に在籍する児童生徒が、居住地の学校にも副次的な籍を置く仕組みで、「支援籍」や「交流籍」、「副籍」等といった呼び方で実施されています。

全国特別支援教育推進連盟が2021年に実施した都道府県教育委員会等を対象としたアンケート調査では、全国の18の自治体で「副次的な籍」の取組を実施していることが報告されています。モデル事業的な取組は、埼玉県や東京都、横浜市等で、早くから実施されていました。また、これらの取組について、2012年7月に出された「共生社会の形成に向けたインクルーシブ教育システム構築のための特別支援教育の推進（報告）」の中では、**「居住地域との結びつきを強め、居住地校との交流及び共同学習を推進する上で意義がある」**とも指摘されています。

今後は、「インクルーシブな学校運営モデル事業」とともに「副次的な籍」の取組の充実や発展が期待されるところです。

さて、都道府県立の特別支援学校と市町村立の小・中学校との間で交流及び共同学習を実施する際には、行政の垣根を越えて実施することになりますので、学校間のみならず、行政機関間の連携も極めて重要になります。その際、例えば都道府県に置かれている教育事務所がパイプ役となって、市町村教育委員会や学校間のやり取りが円滑に進むように働き掛ける工夫もされているようです。

自治体によっては、行政側が主導して必ず副次的な籍を置くこととしている場合もあれば、就学相談の際に保護者や本人の意向を確認した上で、交流の内容等についても話し合いながら進める場合もあるなど、進め方にはそれぞれの自治体ごとに特徴があるようです。他にも、学齢簿に交流校の名称を記載したり、指導要録に交流校の名称を記載したりするなど、細やかなルールを設けて着実に実施することで、制度としての確立を図り、インクルーシブ教育システムを更に充実させていこうとする熱意や意気込みを感じます。

いずれにしても、今後は、行政の垣根や施設・建物の物理的な垣根を越えて、より身近なところで障害のある児童生徒と障害のない児童生徒がともに学ぶ仕組みを引き続き考えていくことが重要ですし、国際社会からもそのことが要求されているのだと考えられます。

13

特別支援教育の充実と学習指導要領
小・中・高等学校における今後の充実策は？

関連文献

- 文部科学省「通常の学級に在籍する障害のある児童生徒への支援の在り方に関する検討会議（第１回） 配布資料」【参考資料】基礎資料集

- 冨士原紀絵「全国学力・学習状況調査からみる学習指導要領の実施状況と，それから示唆されること」今後の教育課程，学習指導及び学習評価等の在り方に関する有識者検討会（第13回） 資料３（2024年７月10日）

解説

２０１７年から２０１８年にかけて改訂された小・中・高等学校の学習指導要領等では、特別支援教育に関連して次のような規定が盛り込まれ、充実が図られました。

①個々の児童生徒の障害の状態等に応じた指導内容や指導方法の工夫を行うことについて総則に規定。

②特別支援学級及び通級による指導に関する教育課程の基本的な考え方について総則に規定。

③家庭、地域及び医療や福祉、保健、労働等の業務を行う関係機関との連携を図り、長期的な視点での児童生徒への教育的支援を行うために、個別の教育支援計画の作成や活用に努めることを総則に規定。

④各教科等の指導に当たって、個々の児童生徒の実態を的確に把握し、個別の指導計画の作成や活用に努めることを総則に規定。

⑤ 特に、特別支援学級に在籍する児童生徒や通級による指導を受ける児童生徒については、個別の教育支援計画及び個別の指導計画を必ず作成し活用することについて総則に規定。

⑥ 各教科等の「指導計画の作成と内容の取扱い」に「学習活動を行う場合に生じる困難さに応じた指導内容や指導方法の工夫を計画的、組織的に行うこと」について規定すると同時に、各教科等の解説でその具体的な内容を例示。

⑦ 障害者理解教育や心のバリアフリーのための交流及び共同学習について総則や特別活動の「指導計画の作成と内容の取扱い」に規定。

⑧ 高等学校における通級による指導の制度化に伴い、通級による指導における単位の修得の認定などについて総則に規定。

我が国が「障害者の権利に関する条約」に批准し、初めての改訂を迎える中で、インクルーシブ教育システムのより一層の充実を図るには、特に小・中・高等学校の特別支援教育をどのように進展させていくかが論点になった訳ですが、障害のある子供たちの多様な実態や学校現場での実践の成果と課題を踏まえて、規定等の充実が行われました。

筆者が注目しているのは、②と⑥に関する規定や解説の充実です。

②に関しては、通級による指導や特別支援学級における教育課程編成上、「自立活動」の取扱いが重視されている点で、特別支援教育の専門性の中核が「自立活動」の計画や実践にあることを痛感したところです。個別の指導計画の作成と効果的な活用も必須の状況となっていますので、学習上・生活上の困難さのある子供たちの実態をどのように見立て、教科等の指導とも関連させながらどのように指導を展開していくかについては、より一層、注目の集まるところだと考えます。

また、⑥に関しては、特に通常の学級に在籍する教育的ニーズを有する子供たちへの効果的な指導を展開する上で、必要不可欠な視点になっていると考えます。授業のユニバーサルデザイン化については小・中・高等学校の現場でも浸透しつつあるところですが、実際に、困難さの状況に応じて指導内容や指導方法の工夫に取り組んでいる学校では、そうでない学校と比較して全国学力・学習状況調査の結果において、優れた成績をおさめているとの報告もありますので、特別支援の視点をもって主体的・対話的で深い学びをどのように展開するかを検討し、日々の実践の中で具体化させていくことが重要だと言えます。

オピニオン

　これまで随所で自立活動の重要性についてふれてきました。小・中・高等学校の学習指導要領の規定では、取り入れたり、参考としたりすることとなっている自立活動について、「特別支援学校学習指導要領第○章に示す」との記述が見られます。つまり、小・中・高等学校のそれぞれの学習指導要領には、自立活動の目標・内容等が掲載されていない状況です。教育課程編成上の考え方として、自立活動が明確に位置付けられた訳ですから、次の改訂では参考資料としてでもよいので、巻末に掲載するところから始めてもよいのではないでしょうか。実際に、小学校の学習指導要領には幼稚園教育要領や中学校学習指導要領が掲載されていますし、中学校の学習指導要領にも幼稚園教育要領や小学校学習指導要領が掲載されるなど、学びの連続性を考慮した構成になっていますので、それほど難しいことではないと考えます。

　もっと踏み込んで提言するとすれば、特別支援学校の学習指導要領の構成と同様に、自立活動を教育課程の枠組みの一つとして明確に位置付けることを検討してはどうかと考えます。特に、通常の学級に在籍する教育的なニーズのある子供たちで、通級による指導を利用していない子供たちがたくさん在籍している状況があります。その子供たちへの指導や支援も含めて、「取り入れること」や「参考にすること」とすることになれば、我が国におけるインクルーシブ教育システムの進展につながるものと考えます。

加えて、特別支援学校の学習指導要領では規定されている**「個別の指導計画の実施状況の評価と改善を、教育課程の評価と改善につなげていくよう工夫する」**カリキュラム・マネジメントの視点を小・中・高等学校に対して求めていくことが重要であると考えます。

更にもう一点、別の角度で自立活動を捉えると、特別支援教育の視点で授業づくりを行うことが、学力の向上につながるという報告があることを述べました。これはまさに自立活動の内容として示されている項目の中に「学習が成立したり、定着したりするメカニズム」に深く関連している項目が存在していることに他なりません。こうなると、もはや、障害のある子供たちに向けた内容としてだけではなく、全ての子供たちに対する「学習の科学」を提供していく視点として自立活動を捉えていくことができるのではないかと考えます。自立的な学習者を育てる令和の日本型学校教育の充実策として、十分、検討に値する論点ではないかと筆者は考えています。

14

学びをどのように結晶化させていくのか？鳥の目、虫の目、魚の目、蝙蝠の目とは？

関連文献

・大佛俊泰　「四つの目」写真測量とリモートセンシング　VOL.60，NO.2，2021

・中央教育審議会「『令和の日本型学校教育』の構築を目指して～全ての子供たちの可能性を引き出す，個別最適な学びと，協働的な学びの実現～（答申）」（2021年１月26日）

解説

カリキュラム・マネジメントとは、教育課程を軸に据えながら、学校の教育活動の質を向上させることです。とりわけ、子供たちに対する学習・指導において、「学習効果の最大化」を図ることにつなげるために実施されるものです。この取組を通じて、学校教育の改善・充実の「好循環」を生み出していくことが念頭に置かれています。そして、カリキュラム・マネジメントの好循環をつくっていくためには、一人一人の教師が学校教育という組織的な営みの全体像を意識しながら、日々の教育実践の中で実施する一つ一つの授業や学校として計画・遂行する各種の事業のねらいを理解した上で、丁寧に推進していくことが必要です。

カリキュラム・マネジメントには、次に示す通り、一般的に3つの側面があると言われています。また、特別支援教育の文脈からは、特に4つ目の側面も重要と言われています。

① 各教科等の教育内容を相互の関係で捉え、学校教育目標を踏まえた教科等横断的な視点で、その目標の達成に必要な教育の内容を組織的に配列していくこと。

② 教育内容の質の向上に向けて、子供たちの姿や地域の現状等に関する調査や各種データ等に基づき、教育課程を編成し、実施し、評価して改善を図る一連のＰＤＣＡサイクルを確立すること。

③ 教育内容と、教育活動に必要な人的・物的資源等を、地域等の外部の資源も含めて活用しながら効果的に組み合わせること。

④ 個別の指導計画の実施状況の評価と改善を、教育課程の評価と改善につなげていくよう工夫すること。

４つ目の側面については、特別支援学校学習指導要領の総則に記載されている内容ですが、個別の指導計画を作成し、活用することとなっている「通級による指導」や「特別支援学級」においても極めて重要な視点であると言えます。

また、通常の学級においても学習上、生活上の困難さを有する子供たちに対して、それらの教育的ニーズを踏まえた個別の指導計画や個別の教育支援計画の作成と活用が望まれているところですが、具体的にどのような指導や支援を実施して、どのような成果をあげることができたのか、一方で残された課題は何なのかを丁寧に振り返りながら教育課程の改善へとつなげていくことが求められていると言えます。

以上のような4つの側面は、筆者にとって、ビジネスシーンにおける経営の視点とも、とてもよく関連しているように感じられます。即ちそれらは次に挙げる「鳥の目、虫の目、魚の目、蝙蝠の目」という視点です。


「鳥の目」は、鳥瞰や俯瞰とも言われるように、物事の全体像を見渡しながら部分と全体の関係性を捉えることを指しています。

「虫の目」は、複眼であること（多様な角度から捉えること）やミクロの視点から細やかに物事を捉えることを指しています。

「魚の目」とは、川の流れや潮の満ち引きのような、時間的な流れやトレンドといった視点で物事を捉えることを指しています。

「蝙蝠の目」とは、蝙蝠が洞穴の天井からぶら下がって物事を見ている様子から、逆の立場や視点に立って物事を捉える逆転の発想を指しています。

授業づくりにおいても、教育課程編成においても、これらの4つの視点は、普段、何気なく働かせているのかもしれませんが、特にカリキュラム・マネジメントを活性化させる際には、関係者間で視点を共有することにより、顕在化させて、意図的に働かせることが効果をあげるものと考えられます。

以上の4つの視点をカリキュラム・マネジメントの4つの側面と関連付けると、例えば、「教科等横断的な視点」とは、まさに「鳥の目」の発想で教育課程全体を捉えるということにつながります。つまり、教育課程全体を俯瞰する視点をもちながら、教育課程を構成している一つ一つの教科等の教育内容を相互の関係で捉えるという視点に他なりません。部分と部分の関係、部分と全体の関係を捉えることで教育課程を一層、洗練させていくことになります。

また、子供たちの姿や地域の現状等、あるいは、個別の指導計画の実施状況を踏まえるといった視点は、「虫の目」というミクロの視点や分析的な視点から現状を捉えて、それらの「結果や成果」と「課題」とを教育課程に還元しようとする営みであると言えます。

加えて、各種データ等の蓄積により、過去からの変化や変容を踏まえるとすれば、それは時間的な流れの中で移ろいゆく子供たちや地域の実情等をその都度、捉え直すということであり、「魚の目」をもってトレンドを捉えながら教育課程を編成、実施、評価、改善していくということになります。

更に、教育内容や教育活動に必要な人的・物的資源等を活用するという発想は、ともすると学校内部の関係者のみによる学校運営の展開が、教育活動を学校の内側だけに閉じ込めて、縮こまった形に陥りかねない状況を打破するために、「蝙蝠の目」をもって逆転の発想を働かせることで教育課程を外側に、つまり地域や社会に開くことによって、外部の人的・物的資源を活用しながら同時に「社会に開かれた教育課程」の理念を実現する学校運営へとつながる視点になっています。

発想の転換を図りながら、「学校から地域・社会へ」という考え方と「地域・社会から学校へ」という考え方を絶えず往還させることによって、よりよい学校教育を通して、よりよい社会を創るという理念を実現していくことは、学習指導要領改訂の大きなポイントの一つであったことを改めて押さえておきたいところです。

このように鳥の目、虫の目、魚の目、蝙蝠の目を働かせてカリキュラム・マネジメントを推進することは、子供たちの学習効果の最大化へとつながっていく視点であると考えています。

オピニオン

さて、あまり聞き慣れないと思われる「蝙蝠の目」に関しては、「令和の日本型学校教育」を構築する際に重要な逆転の発想として「教師視点」から「学習者視点」への転換が掲げられた点に注目したいところです。

2021年に出された中央教育審議会答申「『令和の日本型学校教育』の構築を目指して～全ての子供たちの可能性を引き出す、個別最適な学びと、協働的な学びの実現～」の中では、新型コロナウイルス感染症の感染拡大によって浮き彫りとなった課題として、「自立的な学習者」を十分に育てられていなかったという指摘にふれられています。その反省をもとに、例えば、教師視点の「個に応じた指導」から、学習者視点による「個別最適な学び」へと呼び方を変えるなど、徹底して学習者視点からの概念の再整理が図られています。特に「個別最適な学び」については、「指導の個別化」と「学習の個性化」という2つの概念で説明されています。

この点について、引用を交えながら詳しく述べると「指導の個別化」については、「教

師が支援の必要な子供により重点的な指導を行うことなどで効果的な指導を実現すること や、子供一人一人の特性や学習進度、学習到達度等に応じ、指導方法・教材や学習時間等の柔軟な提供・設定を行うことなど」とその具体的な内容が説明されています。

また、「学習の個性化」とは、**「基礎的・基本的な知識・技能等や、言語能力、情報活用能力、問題発見・解決能力等の学習の基盤となる資質・能力等を土台として、幼児期からの様々な場を通じての体験活動から得た子供の興味・関心・キャリア形成の方向性等に応じ、探究において課題の設定、情報の収集、整理・分析、まとめ・表現を行う等、教師が子供一人一人に応じた学習活動や学習課題に取り組む機会を提供すること」**と述べられ、そのことを通して**「子供自身が学習が最適となるよう調整する『学習の個性化』も必要である」**と述べられています。

もちろん、子供同士や地域の方々をはじめ、多様な他者と協働しながら、様々な社会的な変化を乗り越えることに向けて必要となる資質・能力を育む「協働的な学び」の展開を含め、これまでに蓄積されてきた学校教育の英知の結晶とも言えるカリキュラム・マネジメントの4つの側面や4つの視点を生かしながら、学習効果の最大化を図り、子供たち一人一人に対して学びを結晶化させる創造的な教育実践を進めていきたいところです。

15

カリキュラム・マネジメント
総合的な学習（探究）の時間の本来的な意図は？

関連文献

- 中央教育審議会「21世紀を展望した我が国の教育の在り方について」第一次答申（1996年7月19日）

- 文部科学省「『総合的な学習の時間』についての関係審議会答申」

解説

「総合的な学習の時間」が創設された経緯には、1996年7月19日に中央教育審議会より第一次答申として出された「21世紀を展望した我が国の教育の在り方について」の中に示された「生きる力」の理念や当時の時代背景、教育課題等の認識が深く関わっています。

この答申では、**「変化の激しい社会を担う子どもたちに必要な力は、基礎・基本を確実に身に付け、いかに社会が変化しようと、自ら課題を見つけ、自ら学び、自ら考え、主体的に判断し、行動し、よりよく問題を解決する資質や能力、自らを律しつつ、他人とともに協調し、他人を思いやる心や感動する心などの豊かな人間性、たくましく生きるための健康や体力などの[生きる力]である」**という考え方が示されました。その上で、**「[生きる力]が全人的な力であるということを踏まえると、横断的・総合的な指導を一層推進し得るような新たな手だてを講じて、豊かに学習活動を展開していくことが極めて有効であると考えられる」**との認識が示されました。そこで、一定のまとまった時間を設けて横断的・総合的な指導を行うことが提言され、総合的な学習の時間の創設へとつながっています。

その後の1998年7月29日には、教育課程審議会から「幼稚園、小学校、中学校、高等学校、盲学校、聾学校及び養護学校の教育課程の基準の改善について」が答申され、この中で、「総合的な学習の時間」の創設の趣旨について、①「各学校が地域や学校の実態等に応じて創意工夫を生かして特色ある教育活動を展開できるような時間を確保すること」、②「自ら学び自ら考える力などの［生きる力］は全人的な力であることを踏まえ、国際化や情報化をはじめ社会の変化に主体的に対応できる資質や能力を育成するために教科等の枠を超えた横断的・総合的な学習をより円滑に実施するための時間を確保することである」と述べられました。

続く2003年12月26日に行われた小学校、中学校、高等学校並びに盲学校、聾学校及び養護学校の学習指導要領等の一部改正では、①「総合的な学習の時間のねらいとして、各教科等で身に付けた知識や技能等を相互に関連付け、学習や生活に生かし、それらが総合的に働くようにすること」が規定されるとともに、②「各学校において総合的な学習の時間の目標及び内容を定める必要があること」を規定しています。加えて、③「各学校において総合的な学習の時間の全体計画を作成する必要があること」も規定されています。

その後、平成20年の改訂を経て現在の「総合的な学習の時間」、「総合的な探究の時間」

となっていますが、高等学校段階で「総合的な探究の時間」と称することになった背景には、小学校・中学校段階で得た「探究的な学習が自己の生き方に関わるものであるという気付き」をベースに、高等学校段階では、自己の在り方・生き方に照らし合わせて、自己のキャリア形成の方向性と関連付けながら、多様な「見方・考え方」を組み合わせて統合的に働かせる学習過程を経る中で、自ら問いを見出して、「探究する力」を育成しようというコンセプトがあります。

いずれにしても、2016年12月21日に中央教育審議会より出された「幼稚園、小学校、中学校、高等学校及び特別支援学校の学習指導要領等の改善及び必要な方策等について（答申）」では、**「総合的な学習の時間において、学習指導要領に定められた目標を踏まえて各学校が教科横断的に目標を定めることは、各学校におけるカリキュラム・マネジメントの鍵となる」**という指摘や**「総合的な学習の時間は、目標や内容を各学校が定めるという点において、各学校の教育目標に直接的につながる」**といった言及も見られることから、我が国の初等中等教育段階の教育課程や学習指導要領が「コンピテンシー・ベイス」の教育課程へと変貌を遂げる中で、教育課程編成上の位置付けとして、極めて重要な位置を占めていると筆者は捉えています。

オピニオン

「総合的な学習（探究）の時間」の位置付けの重要性は、例えば、知的障害者である児童生徒や複数の種類の障害を併せ有する児童生徒を教育する場合の教育課程編成上の規定である「学校教育法施行規則第130条第2項」において、「総合的な学習（探究）の時間」は、それ以外の教科等と合わせて授業を行うことができない規定となっていることからもうかがえます。

一方で、特別支援学校（知的障害）小学部の教育課程上は、「総合的な学習の時間」が設けられていません。この点について、２０１７年に改訂された学習指導要領の解説（総則編）上は、**「知的障害者である児童に対する教育を行う特別支援学校の小学部については、全学年に総合的な教科である「生活科」が設定されていること、そのなかで、児童に身近で分かりやすい生活に根差した探究課題を設定したり、体験活動や探究課題の解決を目指した学習の過程を設定したりしやすいことから、これを設けないこととしている」**と解説されています。

総合的な学習の時間が創設された直後の学習指導要領解説上は、**「全学年に総合的な教科である『生活科』が設定されていること、また、学校教育法施行規則第130条の第2項の規定に基づき、各教科等を合わせて指導が行われていることなどから、総合的な学習の時間と同様の趣旨の指導を行うことが可能であるため、これを設けないこととしている」**と解説されていました。

比較していただければ分かるように、「生活科」が「総合的な教科」であるという認識は、この当時から示されていましたが、現在の解説では、指導の形態として「各教科等を合わせた指導」の実施をもって、総合的な学習の時間と同様の趣旨の指導を行うことが可能という認識は、直接的には示されていません。むしろ、「生活科」の中で、探究課題の解決を目指した学習の過程を設定しやすいとの認識が示されていますので、各特別支援学校（知的障害・小学部）で実施された教育課程においては、「生活科」の時間を相応の時間数分設けて指導が実施されている状況があればよいのでしょうが、各学校のカリキュラム・マネジメントの実態として、どのようになっているのかは確認が必要であると言えます。

このような問題も含め、教育課程の連続性を検討する際に、重要なコンセプトをもつ総合的な学習（探究）の時間の位置付けについて、改めて検討が必要なのかもしれません。

16

各教科等における資質・能力の育成
習得・活用・探究と資質・能力の三位一体化とは？

関連文献

- 文部科学省「学習指導要領『生きる力』」

- 育成すべき資質・能力を踏まえた教育目標・内容と評価の在り方に関する検討会「育成すべき資質・能力を踏まえた教育目標・内容と評価の在り方に関する検討会—論点整理—について」(2014年３月31日)

解説

コンテンツ・ベイスからコンピテンシー・ベイスの学習指導要領に転換された訳ですが、資質・能力の再構造化の議論が最も興味深かったのは、2012年12月から始まった「育成すべき資質・能力を踏まえた教育目標・内容と評価の在り方に関する検討会」での全13回に及ぶ議論でした。この「論点整理」が2014年3月31日に出されて、その年の11月から始まった中央教育審議会の審議で「初等中等教育における教育課程の基準等の在り方」に関して、検討が行われる際の下敷きとなりました。

コンピテンシー・ベイスへの転換に際して、資質・能力の構造を三層構造で説明し、相互の関係性を丁寧に説明したこの資料こそ、まずは教育関係者が最初に押さえておくべき情報ではないかと考えています。

さて、その資質・能力の三層構造について、論点整理の段階で次のように説明されていました。

ア　教科等を横断する、認知的・社会的・情意的な汎用的なスキル（コンピテンシー）等

に関わるもの

イ　教科等の本質に関わるもの

ウ　教科等に固有の知識・個別スキルに関わるもの

その後の審議を踏まえて、現行の学習指導要領上ではアが「学びに向かう力・人間性等」、イが「思考力・判断力・表現力等」、ウが「知識・技能」と示されるようになった経緯があります。特に「イ　教科等の本質に関わるもの」については、**「具体的には、その教科等ならではのものの見方・考え方、処理や表現の方法など。例えば、各教科等における包括的な『本質的な問い』と、それに答える上で重要となる転移可能な概念やスキル、処理に関わる複雑なプロセス等の形で明確化することなどが考えられる」**と説明されていました。

ここで重要なのは、「本質的な問い」です。例示として次のようなものが示されています。

- **「私たちの人生を通して何度も起こる重要な」問い**
- **「学問における核となる観念と探究に対応している」問い**
- **「生徒たちに重要だが複雑な観念、知識、ノウハウを効果的に探究し意味を把握するのを助ける」ような問い**

・「特定の学習者たち、また多様な組み合わせの学習者たちを最も良く惹きつける」ような問い

このような「本質的な問い」に向き合って、問題や課題を解決しようとするプロセスを通して、子供たちが知識や技能を習得し、また、習得したそれらの知識や技能を活用しながら思考力・判断力・表現力等を発揮していくプロセスを通して「永続的理解（enduring understanding）」を身に付けることが期待できると解説されています。なお、「永続的理解」については、**「大人になって詳細の大半を忘れてしまった後でも身に付けておくべきような重要な理解（文脈に応じて知識やスキルを洗練されたやり方で柔軟に使いこなす力）を意味している」**と説明されていますが、多角的な思考や理解を通しながら、探究的に学びを深めていく中で、どのように社会・世界と関わり、よりよい人生を送るかという視点である「学びに向かう力・人間性等」にまで、一体的につなげていくことが重要となります。

やはり、資質・能力の3つの柱はそれぞれが別個のものとしてではなく、相互に関連させながら育成を目指していくものであり、三位一体のものであるとの理解が大切です。そのためにも、「本質的な問い」が立てられていることがとても重要になります。

オピニオン

これまで述べてきたように、カリキュラム・マネジメントの視点においては、学習の過程を豊かに形づくることが重要ですが、とりわけ、どのような問いを立てるかがポイントになります。また、学習の過程では、資質・能力が「習得」されたり、「活用」されたり、より「探究」的に学ばれていったりする中で学びに向かう力や人間性等が育成されるという表現が随所に出てきます。これらの「習得・活用・探究」については「学習活動の類型」として整理されています。より具体的には、次の5点のポイントで説明されています。

① 各教科では、基礎的・基本的な知識・技能を「習得」するとともに、観察・実験をしてその結果をもとにレポートを作成する、文章や資料を読んだ上で知識や経験に照らして自分の考えをまとめて論述するといったそれぞれの教科の知識・技能を「活用」する学習活動を行う。

② それを総合的な学習の時間等における教科等を横断した問題解決的な学習や「探究」

活動へと発展させる。

③　これらの学習活動は相互に関連し合っており、截然と分類されるものではない。

④　各教科での「習得」や「活用」、総合的な学習の時間を中心とした「探究」は決して一つの方向で進むだけではない（「習得→活用→探究」の一方通行ではない）。

⑤　これらの学習の基盤となるのは言語に関する能力であり、そのために各教科等で言語活動を充実。

特に④の一つの方向で進むだけではないことについて、部活動や演劇の発表会が例に挙げられることがあります。部活動の例では「習得＝練習」、「活用＝練習試合」、「探究＝本大会」、演劇では、「習得＝稽古」、「活用＝通し稽古」、「探究＝舞台本番」というイメージになります。いきなり練習試合や通し稽古に臨んで、どのような技能や表現力が身に付いていないのかを実感することから、改めて練習や稽古に取り組むというプロセスを経ることもあります。また、いきなり本大会に参加して、実力の程を理解した上で、練習や練習試合を積み重ねるというプロセスを経ることも考えられるでしょう。これらの習得・活用・探究の文脈づくりもカリキュラム・マネジメントの重要な要素となると言えます。

17

各教科等における資質・能力の育成問いのマネジメントとは？

関連文献

・国立教育政策研究所「『指導と評価の一体化』のための学習評価に関する参考資料　小学校　算数」（2020年３月）

・島根県教育庁教育指導課　しまねの教育情報Web「データの活用（社日小学校６年２組算数科学習指導案）」

解説

「本質的な問い」の重要性については、先に述べた通りですが、これには各教科等の全体にわたるサイズでも設定できますし、単元サイズで設定することもできます。もちろん、一つ一つの授業サイズでも設定することは可能です。

例えば、筆者が小学校の算数科全領域にわたって問いを立てるのであれば、「生活や学習の中でよりよく解決できる数量や図形等に関する問題には、どのような『もの・こと』があるかな？」という問いの立て方をするでしょう。また、単元サイズで考えるのであれば、算数科の領域の一つである「データの活用」の単元と関わって「最強のリレーチームをつくるには？」などという立て方をすると思います。もちろん、その単元の中の一つの授業では、「100メートルを安定的に速く走る人は誰かな？」など、単元を構成する一つ一つの授業の中で身に付けてほしい資質・能力や見方・考え方と関わるような問いの設定の仕方を工夫するでしょう。

このとき、最も大切にしたいのは、教師の側から問いを立てるというよりも、子供の中にある「明確に言語化されないまでも、おぼろげに抱いている感覚や感情」を丁寧にすくい取りながら問いに仕立てるという方法です。そのような方法で問いを立てると子供たちと教師の側で問いを「共有する」感覚が芽生えてきます。もちろん、子供たちは、はっきりと言語化できる場合もあるでしょうし、自ら問いを立てて解決に向かおうとする場合もあると考えられます。

筆者は、知的障害のある子供たちとの関わりが長いのですが、知的障害の程度が重くなればなるほど、明確に言語化することが難しくなると感じますので、その際には表情や身振り・手振りを含めた動作や姿勢等に注目することで、「あれっ?」とか、「おやっ!」とか、「何とかしたいなあ!?」という子供たちの頭の上に浮かんでいる疑問符や感嘆符(感嘆符疑問符と呼ばれる記号もあるようです)を見取りながら、それらを問いに仕立てることで、必要に応じて「不思議だね」「なんでかな〜」などと言葉を掛け、問いを共有しながら問題解決に取り組んでいました。

先述の通り、問いには大きなものから小さなもの、本質的なものから表面的なもの、基幹となるものから枝葉となるもの、オープン・クエスチョン(開いた問い)やクローズド・クエスチョン(閉じた問い)など、様々なものがありますが、「問う中身」や「問い方」の工夫を含めて、一連の問いのマネジメントの在り方によって、子供たちの問題解決への取り組み方は異なってくるものと考えられます。カリキュラム・マネジメントには、実は問いのマネジメントも重要な役割として位置付いていて、問いの展開の仕方によって学習している当該教科等のみならず、他の教科等の見方・考え方を引き出したり、知識・技能や思考力・判断力・表現力等を活用したりすることができるのではないかと考えています。まさに、教科等横断的な視点での問いの工夫です。

学習指導要領上は、資質・能力の育成について「単元や題材など内容や時間のまとまりを見通しながら」授業改善を図ることによって育成していくことが求められています。やはり、学校現場の日々の取組の中では、単元・題材レベルというサイズ感を中心にしながら、問いをマネジメントしていくことが重要であると言えます。その際、筆者は問いを顕在化させることが重要であるとの認識に立ち、学校現場の先生方と単元計画に問いを位置付ける授業研究の取組を進めたことがあります。そうすることで、問いの解決に必要な「知識・技能」や「思考力・判断力・表現力等」を「問いで絡めとる」ように身に付けることができます。また、それらの過程を経ることで、一体的に「学びに向かう力・人間性等」を培うことができ、先生方にも授業や単元の充実感を感じ取っていただくことができました。

オピニオン

実は、これまで述べてきた問いのマネジメントについて、「教科別の指導」であれば分かりやすいようですが、例えば知的障害教育における授業実践では、各教科等を合わせて授業を実施することがあります。それらの合わせた指導の形態である生活単元学習や作業学習等では、「どのように考えるとよいですか？」と、問いを投げ掛けていただくことがあります。基本的には設定する単元やテーマを貫いて解決していく「幹となる問い」を立てることや、その解決に向けて一つ一つより具体的な「枝葉となる問い」を子供たちと共有していくことの必要性についてお答えしています。具体的には項目20に詳しく示しますが、ここでも簡単にふれておきたいと思います。

例えば、生活単元学習では季節にちなんだ学習として「収穫祭をしよう」といったテーマ設定のもとに学習に取り組むことがあります。単元を貫く問いとして「みんなで収穫祭を盛り上げるにはどうすればよいかな？」といった大きな問いを立てます。知的障害のある子供たちは先の見通しが立たないと不安を抱いたり、意欲的になれなかったりしますので、「『収穫祭』って、いったい何をするの？」という最初の問いを立てて、学習の見通しをもつことから始めます。次に実際の収穫に取り組む訳ですが、ここでは「上手に収穫するにはどうしたらよいの？」という問いにつなげて、例えば中学部であれば、職業・家庭科の内容と関連付けながら道具の使用方法や収穫物の扱い方等について学びます。続いて、「どうして収穫をお祝いするの？」といった子供たちの素朴な疑問からは、社会科の内容と関連付けて、地域の伝統や文化的な取組として行われている収穫を祝う伝統行事について学ぶ中で、収穫祭の意味や意義を歴史的な経緯等も踏まえて学びます。「収穫した野菜を使ったレストランを開店するにはどうしたらよいかな？」という問いに対しては、材料の調達や数量の計算、看板やポスター、招待状の作成等を通して、数学科や国語科、美術科等の内容を扱いながら学びます。最後にレストランの盛況や収穫祭の成功を互いに喜び合う中で、学びに向かう力や人間性等を含めて一体的に資質・能力を育成し、日常生活に対する意欲を高めながら、課題解決能力等を身に付けていくことをねらいます。

このように、問いのマネジメントによって豊かな文脈のある学びをつくり出すことは、教科別の指導であろうが、各教科等を合わせた指導であろうが同様で、問いによって資質・能力を絡めとっていくというイメージをもつことが大切だと考えています。

18

各教科等を合わせた指導のミライ
指導の形態の今後はどうなるのか？

関連文献

・中央教育審議会「教育課程部会　特別支援教育部会（第６回）　配付資料」資料８　知的障害のある児童生徒のための各教科の改善・充実の方向性（検討素案）（2016年２月22日）

・文部科学省「小学校学習指導要領解説　総則編」（2017年７月）

解説

皆さんもご存知の通り、学校教育法施行規則第130条第2項には、**「特別支援学校の小学部、中学部又は高等部においては、知的障害者である児童若しくは生徒又は複数の種類の障害を併せ有する児童若しくは生徒を教育する場合において特に必要があるときは、各教科、特別の教科である道徳、外国語活動、特別活動及び自立活動の全部又は一部について、合わせて授業を行うことができる」**という規定が設けられています。この規定に基づいて特別支援学校（知的障害）や特別の教育課程が編成できる知的障害特別支援学級では、日常生活の指導、遊びの指導、生活単元学習、作業学習などと呼ばれる授業が実践されています。これらの指導を総称して「各教科等を合わせた指導」と呼んでいます。「指導の形態」の一つである点についての理解が重要です。実は何故「指導の形態の今後はどうなるのか？」について取り上げているかというと、極論を申し上げると「各教科等を合わせた指導」の廃止を検討することについて考えるべきだというご意見もあるからです。

2016年2月22日に開催された中央教育審議会教育課程部会特別支援教育部会の第6

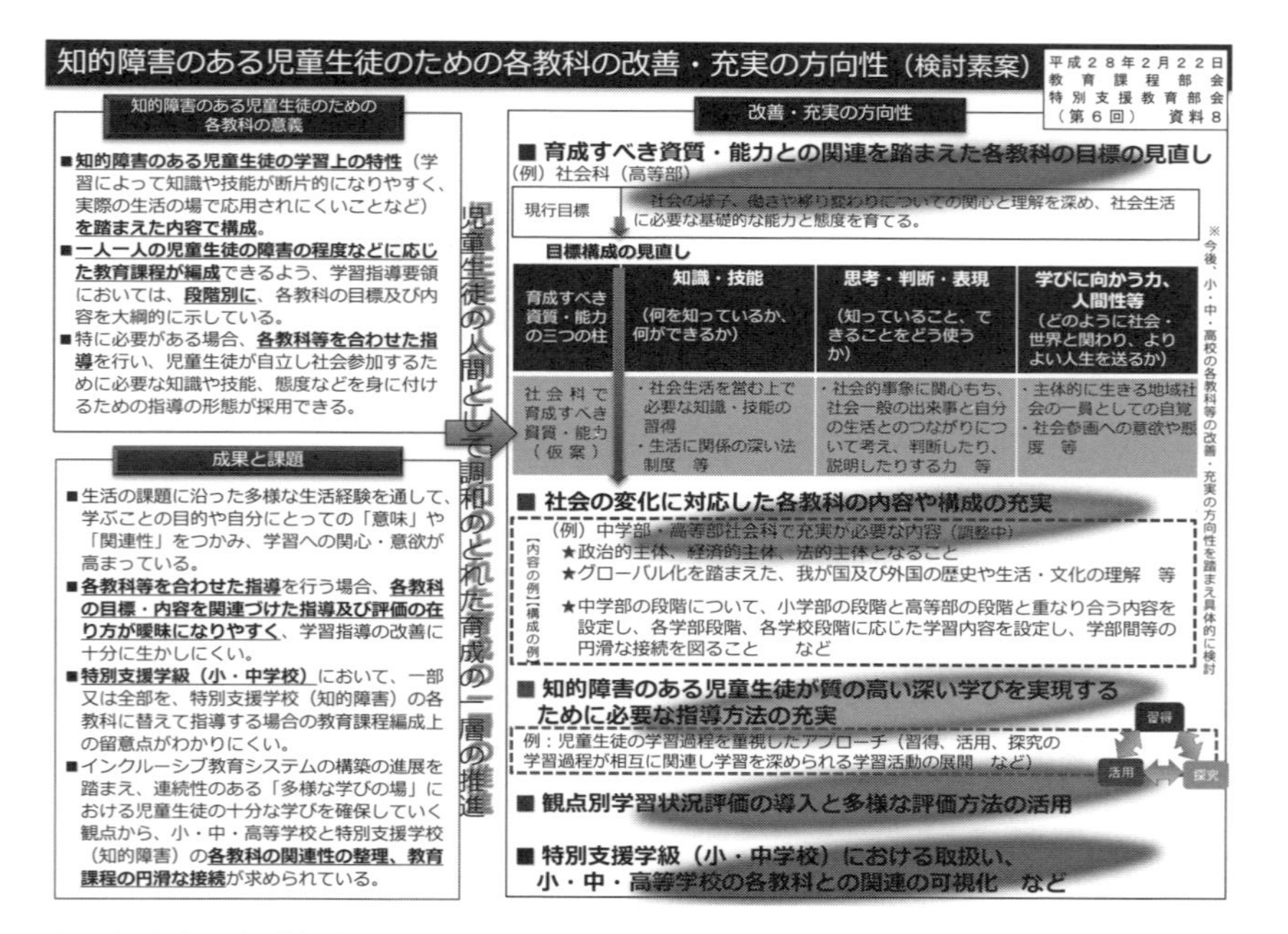

図５　中央教育審議会「教育課程部会　特別支援教育部会（第６回）　配布資料」（2016年２月22日）

回の審議に係る配付資料として「知的障害のある児童生徒のための各教科の改善・充実の方向性（検討素案）」が示されました（図5）。

この中に知的障害教育の「成果と課題」の一つとして**「各教科等を合わせた指導を行う場合、各教科の目標・内容を関連づけた指導及び評価の在り方が曖昧になりやすく、学習指導の改善に十分に生かしにくい」**という指摘事項がありました。

確かに学習指導を行っていく上で、目標や内容は「各教科等」ごとに示されていますので、その原形とは異なる「形態」で指導を実践していると、目標や内容間の関連が不明瞭になる状況は十分に起こり得ると考えられます。しかし、そのことをもって、これまで知的障害教育に携わる実践者や研究者等がつくり上げてきた実践の英知を否定することにも疑問を抱いてしまいます。何故ならば、やはり「知的障害のある児童生徒の学習上の特性」や指導を展開していく上で学習集団を構成する「知的障害のある児童生徒の実態差が大きく異なる」状況等があり、それらを克服していくためには、「カリキュラム・マネジメントの極み」の一つである「各教科等を合わせた指導」という指導の形態が、効果を発揮する可能性を秘めているからです。

実は、このことは小学校や中学校の学習指導要領上にも類似する規定が各所に位置付けられています。例えば小学校学習指導要領の第1章総則の第2「教育課程の編成」では「(3)指導計画の作成等に当たっての配慮事項」という項目があります。その中に「**エ　児童の実態等を考慮し、指導の効果を高めるため、児童の発達の段階や指導内容の関連性等を踏まえつつ、合科的・関連的な指導を進めること**」という規定が設けられていて、この点について同解説では「**教育課程全体を見渡して教科等間の連携を図った指導を行い、教科等横断的な指導を推進していくための具体的な工夫として、合科的・関連的な指導を進めることを示している**」と述べられています。

また、「**学校教育において目指している全人的な『生きる力』を児童に育んでいくためには、各教科等の特質に応じた資質・能力の育成を図っていくことと同時に、各教科等で身に付けた資質・能力を様々な場面で統合的に働かせることができるよう、知識と生活との結び付きや教科等横断的な視点を重視した教育を行っていくことが必要である**」とも解説されています。この点は知的障害教育における実践の歴史や蓄積された英知との連続性を認識させる内容となっています。

これらに加えて、道徳教育については、特別の教科である道徳を要としつつも、「**学校の教育活動全体を通じて行うもの**」と位置付けられていますし、同様に自立活動の指導についても、**「自立活動の時間はもとより、学校の教育活動全体を通じて適切に行うものとする」**と解説されていることを踏まえれば、むしろカリキュラム・マネジメントの視点からも目標や内容を合わせられないことに不自然さを抱いてしまいます。

ただし、合わせて指導を行う際、先述の通り「各教科の目標・内容を関連づけた指導」が曖昧になる可能性は大いに考えられますので、特別支援学校学習指導要領解説各教科等編で、**「各教科等を合わせて指導を行う場合においても、各教科等の目標を達成していくことになり、育成を目指す資質・能力を明確にして指導計画を立てることが重要となる」**と解説されている点を踏まえることが重要です。

また、授業時数の配当についても**「各教科等を合わせて指導を行う場合において、取り扱われる教科等の内容を基に、児童生徒の知的障害の状態や経験等に応じて、具体的に指導内容を設定し、指導内容に適した時数を配当するようにすることが大切である」**とも示されています。この際、**「指導に要する授業時数をあらかじめ算定し、関連する教科等を教科等別に指導する場合の授業時数の合計と概ね一致するように計画する必要がある」**との解説も示されています。筆者はこの中で「概ね」と示されていることに大きな意義を感じています。何故かは、次のテーマでお話しします。

オピニオン

本テーマは、歴史的にも古くから議論されてきた経緯がありますし、今もなお、専門家の間でくすぶっているテーマであると筆者は認識しています。もしかしたら、永遠に続く可能性があるのかもしれません。

「そもそも論」になってしまうかもしれませんが、知的障害教育に携わる実践家や研究者、行政担当者等の間では、精神薄弱養護学校（当時）の学習指導要領を制定する際に、内容の示し方等についての激論が交わされたことは周知の事実です。教育課程の基準を「教科」で示すことの是非や、「領域（例えば6領域案では生活、健康、情操、生産、言語、数量）」という考え方で示す際に、その本質的な意義を具体的な形で反映・浸透させていくための指導方法論の在り方等を含めた議論が交わされ、教科主義的な教育論と生活主義的な教育論の論争の狭間で、最終的には先に示した「学校教育法施行規則第130条第2項」の原型となる規定等も設けられてきました。それ以来、「合わせた指導」の是非は、問われ続けている息の長いテーマと言えます。

筆者はこの論争を永遠と繰り返すことが、新しい教育の価値の創造や生産的な議論につながるとは考えていません。互いに反駁し合いたくなる論点があるにせよ、障害のある子供たちのミライと知的障害教育の発展を願うときに、どちらも必要な要素であり、弁証法的に越えていかなければならない論点や課題だと考えています。その際に、自立と社会参加や全人的な成長・発達という教育の究極の目標の下、最大限の「履修」状況と「習得」状況を一人一人の子供たちに実現していくことを可能にするという視点が重要なのではないかと考えています。

今、特別支援学校（知的障害）をはじめとした学校現場の「合わせた指導」の実践状況をうかがうと、中教審での指摘事項や学習指導要領の改訂の趣旨を踏まえて、各教科等の目標・内容との関連付けや整理に鋭意取り組みながら試行錯誤を続け、子供たちの資質・能力の育成に前向きに取り組まれている状況を垣間見ることができます。

「合わせた指導」においても「習得型」「活用型」「探究型」の授業展開の更なる工夫が求められると考えていますし、特に特別支援学校（知的障害）小学部では教育課程上、「総合的な学習の時間」を設定していないことの背景等も踏まえて、カリキュラム・マネジメントの豊かな視点をもって実践を構築していく必要があると考えています。

19

各教科等を合わせた指導のミライ

各教科の目標・内容のみでよいのか？

関連文献

・中央教育審議会「教育課程部会　特別支援教育部会（第６回）　配付資料」資料８　知的障害のある児童生徒のための各教科の改善・充実の方向性（検討素案）（2016年２月22日）

・文部科学省「特別支援学校教育要領・学習指導要領解説　総則編（幼稚部・小学部・中学部）」（2018年３月）

解説

先にも解説した通り、学校教育法施行規則第130条第2項を根拠とする「各教科等を合わせた指導」では、「各教科」のみならず、「特別の教科である道徳」の他、「外国語活動、特別活動、自立活動」の全部又は一部について、合わせることができる規定となっています（なお、総合的な学習の時間や総合的な探究の時間が含まれていない点には留意が必要です）。この規定の前に、つまり同規則第130条第1項には、**「特別支援学校の小学部、中学部又は高等部においては、特に必要がある場合は、第百二十六条から第百二十八条までに規定する各教科又は別表第三及び別表第五に定める各教科に属する科目の全部又は一部について、合わせて授業を行うことができる」**という規定があります。この規定に基づく指導のことを「合科」による指導と言います。合わせることが可能となるのは「各教科（又は各教科に属する科目）」となります。

この2つの規定の違いについてお分かりの通り、「各教科等を合わせた指導」では、「等」に重要な意味が含まれているのです。特別支援学校（知的障害）や知的障害特別支援学級では、各教科等を合わせた指導を指導の形態として実践することができるのですが、教育課程編成に関するご相談を受ける際に、年間指導計画や単元計画でどのような目標や内容を扱っているのかを拝見すると、意外と「各教科」の目標や内容だけに集中している場合が見られます。そこで、「時間割表」なども拝見しながら、道徳科の時間や自立活動の時間を設定して指導がなされている場合には、これは「合科による指導ですね！」と規定の違いを説明させていただきます。

問題なのは、道徳科の時間も自立活動の時間も設けられていないときに、「道徳科や自立活動の内容はどこで扱っているのですか？」とうかがうと「生活単元学習を通じて道徳教育を実践しています」などという回答が返ってくる場合がありますので、その際には「実際の教育課程編成上も、指導実践上も取り扱っていることを顕在化させる意味で、年間指導計画や単元計画上に明示できるとよいですね！」とお答えすることにしています。

また、筆者からの質問への回答にお困りの様子があった場合には、学校教育法施行規則上や学習指導要領上の規定等を用いながら、道徳科についても自立活動についても、時間を設けて指導することの重要性を説明するとともに、特に必要があるときは、各教科等を合わせた指導で目標や内容を取り扱うことができますので、「意図的に『このような形で取り扱っています』と説明責任が果たせるようにしたいですね！」とお伝えしています。

さて、項目18でも解説した通り、各教科等を合わせた指導において、指導内容の設定に関しては、**「各教科等を合わせて指導を行う場合において、取り扱われる教科等の内容を基に、児童生徒の知的障害の状態や経験等に応じて、具体的に指導内容を設定し、指導内容に適した時数を配当するようにすることが大切である」**と述べられています。また、授業時数についても**「指導に要する授業時数をあらかじめ算定し、関連する教科等を教科等別に指導する場合の授業時数の合計と概ね一致するように計画する必要がある」**ことが解説されています。筆者はこの「概ね」という文言がとても重要であると述べました。

実は、特別支援学校（知的障害）の小学部の教育課程に「総合的な学習の時間」が含まれていない点について、2009年の学習指導要領改訂に係る解説で**「全学年に総合的な教科である『生活科』が設定されていること、また、学校教育法施行規則第130条の第2項の規定に基づき、各教科等を合わせて指導が行われていることなどから、総合的な学習の時間と同様の趣旨の指導を行うことが可能であるため、これを設けないこととしている」**と述べられていました。傍線部分は2017年の改訂に係る解説では、除かれています。

このことは意外に注目されていませんが、筆者は重要な変更であると捉えています。

オピニオン

我が国のインクルーシブ教育システムを推進するために、「教育課程の連続性」について、検討が重ねられている訳ですが、単純に考えてみても、小学校にあって特別支援学校（知的障害）の小学部にはない教育課程の枠組みがあるのも不思議な感覚があります。しかしながら、そこには教育課程の検討に関わる歴史的な経緯や知的障害という障害の特性及び固有の課題が影響することも事実なのだと考えます。

前ページで示した2017年の改訂に係る解説では、総合的な時間が設けられない理由として、**「全学年に総合的な教科である『生活科』が設定されていること、そのなかで、児童に身近で分かりやすい生活に根差した探究課題を設定したり、体験活動や探究課題の解決を目指した学習の過程を設定したりしやすいことから、これを設けないこととしている」**と解説されています。一方で、学校現場では小学部の1年生から6年生までが学ぶこととなっている「生活科」について、時間を設けて指導している学校の比率はそれほど高くない状況が考えられますので、実際的には、総合的な学習の時間が目指している資質・

能力を育成するための指導が展開されているかどうかについては、疑問に感じる部分もあります。言い換えれば、「意図された教育課程」と「実施された教育課程」に乖離が生じていないかという疑問も浮かび上がってくるということです。

むしろ、小学部段階では発達段階や知的障害の特性を踏まえた場合、「探究的な見方・考え方を働かせ、横断的・総合的な学習を行うことを通して、よりよく課題を解決し、自己の生き方を考えていくための資質・能力」の育成は難しい状況にあり（現に小学校の1～2年生では、「総合的な学習の時間」が設定されていません）、その取組は中学部段階に入ってから実施するものとされていれば、教育課程上の整合がとれているようにも感じます。

しかしながら、筆者は小学部段階にあっても、知的障害の実態等が多様であり、前述の総合的な学習の時間の資質・能力や探究的な見方・考え方を働かせることは可能であると考えていますし、「意図された教育課程」と「実施された教育課程」の乖離を狭めていく必要があることから、例えば3段階にある児童は「総合的な学習の時間」を設定することが可能とする規定を設けたり、特に小学部において、各教科等を合わせた指導の中で、探究的な課題の解決に取り組むことを求めたり、別の角度からは「生活科」を教科に含めるのではなく「生活探究の時間」等と改めたりすることを検討してもよいと考えています。

20

各教科等を合わせた指導のミライ

「解決すべき実生活上の課題」と「教科等の内容」と「問い」の関係とは？

関連文献

- 文部科学省「特別支援学校学習指導要領解説　各教科等編（小学部・中学部）」（2018年３月）

- 中央教育審議会「教育課程部会　特別支援教育部会（第６回）　配付資料」資料８　知的障害のある児童生徒のための各教科の改善・充実の方向性（検討素案）（2016年２月22日）

解説

ここでは、学校教育法上の義務教育に関わる規定として第21条に注目したいと思います。**「義務教育として行われる普通教育は、教育基本法（平成18年法律第120号）第5条第2項に規定する目的を実現するため、次に掲げる目標を達成するよう行われるものとする」**という前段の規定があります。これに続いて、一から十までの規定があり、教科等を学ぶことと関連の深い目標が掲げられています。

一から十までの規定のうち、あるキーワードに着目して、次の規定をご覧ください。冗長となりますので、四から九までの6つの項目を抜粋して掲載します。

四　家族と家庭の役割、生活に必要な衣、食、住、情報、産業その他の事項について基礎的な理解と技能を養うこと。

五　読書に親しませ、生活に必要な国語を正しく理解し、使用する基礎的な能力を養うこと。

六　生活に必要な数量的な関係を正しく理解し、処理する基礎的な能力を養うこと。
七　生活にかかわる自然現象について、観察及び実験を通じて、科学的に理解し、処理する基礎的な能力を養うこと。
八　健康、安全で幸福な生活のために必要な習慣を養うとともに、運動を通じて体力を養い、心身の調和的発達を図ること。
九　生活を明るく豊かにする音楽、美術、文芸その他の芸術について基礎的な理解と技能を養うこと。

ご一読いただければお分かりの通り、家庭科や国語科、算数・数学科等の教育内容を学ぶことと深く関わる規定となっています。これらの中で共通するキーワードとして「生活に必要な」という言葉が用いられています。この他にも「生活のために」や「生活にかかわる」、「生活を明るく豊かにする」といった文言が規定の中に位置付いています。つまり、我々が学校で行う教育的な営みに関しては、生活をよりよく豊かにしていくことや実生活上の諸課題を解決しながら自立的に生きていけるような資質・能力を子供たちに養うことが大切であるということです。

特に各教科等を合わせた指導の形態をとる場合には、実生活上の諸課題を総合的に取り扱いながら指導するケースが多い訳ですが、先に示した規定との関連で、教科等に定められている目標や内容を意識しながら学習活動を組み立てていくことが重要だということです。その際に顕在化させておきたいことは、「何のために」この学習に取り組むのかという目的やねらいです。言い換えれば、それは学習する側も指導する側もともに「何故に」と自問しながら学習・指導に取り組むことになりますので、「問い」を顕在化させ、突き詰めていくことが重要だということになります。

この点について、項目17でもふれている具体的な話題について、もう少しアレンジしながら深掘りしてみたいと思います。各教科等を合わせた指導の形態である「生活単元学習」の中では、季節に関連する行事として例えば、「秋祭りをしよう」などというテーマ設定のもと、学習に取り組むことはよくあることだと思います。

本項の冒頭でふれたように、学校教育法上の目標とも関わって生活を明るく豊かにする取組に仕立てていく際に、「どうすれば秋祭りが盛り上がるだろうか？」などという大きな問いを立てて学習に取り組むことができるでしょう。

最初に「身近な地域のお祭りでは、どんなことをしているかな？」などと、より細かな問いに砕くことで、地域のお祭りについて知っていることを出し合ったり、体験談を伝え合ったりすることができます。その際、小学部であれば、生活科の「社会の仕組みと公共施設」、中学部であれば社会科の「我が国の地理や歴史」などの内容と関連付けることができるでしょう。その中で、お祭りでは「そもそも穀物の収穫を祝う意味合いがあった」ということに気付けば、「みんなも春先に植えたサツマイモを収穫して、お祝いをしようよ」という一連の学習や生活の流れ、ストーリーがつくり出せると思います。

また、地域のお祭りでは、収穫をお祝いするときに感謝を込めて「舞い」や「雅楽」を奉納している様子にふれると、それらと関連して「歌やダンスを上手に歌ったり踊ったりするにはどうしたらよいかな？」という問いなども生まれてくるでしょう。ここでは、体育科や音楽科の内容を扱った学習をつくり上げていくことができます。

実際に収穫する際には、サツマイモの栽培や観察を通じて成長の様子を学ぶ中で「いつ頃に収穫できるのかな？」や「サツマイモを傷つけずに上手に収穫するにはどうしたらよいかな？」等といった問いにつなげて、例えば小学部では、生活科の「手伝い・仕事」や「生命・自然」の内容、中学部では、理科の「生命」や職業・家庭科の職業分野「職業生活」の内容と関連付けて、道具の使用や収穫物の扱い方等を学ぶことができます。

更に、収穫した喜びをみんなで分かち合う方法として、実際にサツマイモを使った調理活動に取り組んだり、より大勢の人と喜びを共有するために、レストランを開いて「お客さんを招こうよ」と発展したりするような学習の流れもつくっていけるでしょう。そこでは、「レストランを開くためにはどうしたらよいかな?」や「どうすればお客さんがたくさん来てくれるかな?」という一連の問いの解決に向けて、必要なテーブルやコップ等の準備物を用意するために、算数・数学科の内容を扱ったり、案内チラシやポスターを描く際に図画工作・美術科の内容を扱ったりしながら期待感をもって学ぶことも可能となります。

いよいよレストランを開店する段階になると、お客さんに満足してもらうための接客や調理方法の工夫などについても、「どうすればお客さんに喜んでもらえるかな?」という問いの設定と解決に向けて取り組むことになります。小学部では生活科の「役割」、中学部では職業・家庭科の家庭分野「衣食住の生活」等と関連付けて学ぶことができます。

最後に一連の学習の流れを振り返って感想文を書いたり、来店してくれたお客さんにお手紙を書いたりするときにも、「どうまとめると気持ちが伝わるかな?」という問いの解決に向けて、国語科の内容を扱いながら学習を進めることができるでしょう。

オピニオン

少し具体的に見てきたように、「問い」には簡単なものから難しいもの、大きなものから小さなもの、単純なものから複雑なもの、幹となるものから枝葉となるものまで、様々な形で存在します。そして、それらの一連の関係性や流れを整理することが大変、重要になってきます。

加えて、「問い」は、学習する側と指導する側で共有することも重要になってくるでしょう。何故なら、教師は「答えを知っている人・正解を教える人」、子供たちは「問題を解く人・教えを乞う人」という関係性から一歩脱して、解決策や対応策が流動的であったり、限定的ではなかったりする実生活上の諸問題に対して、協働しながら判断したり、決断を下したりする、その「学び方のプロセス」を学んでいくことが求められるからです。

「協働」する学び方そのものを学ぶ子供たちの主体的な問題解決を教師がさりげなく支えていくに際して、知的障害のある子供たちの場合、自ら「問い」を発することが難しい状況も考えられますし、一連の「問い」を自ら整理することが、大変、困難である場合も多くあります。その際には、教師の側で「問い」をマネジメントすることも重要です。しかしながら、子供たちの学習の様子をうかがうと、言葉を発しなくても、「あれっ⁉」や「???」と表情やしぐさで疑問に感じていることや、「何とかしたい‼」と試行錯誤しながら学習に取り組む様子が見られます。そこには、十分に子供たちの「問い」のある学びが成立している訳ですから、子供が発する言葉にならない「問い」もすくい取りながら学習活動に組み込み、最終的な「問い」の解決に向かう学習をつくっていくことが重要になります。このように、子供たちの興味や関心を大切にしながら、解決すべき実生活上の諸課題に対して「問い」を明確にすることによって、教科等で示される目標や内容を扱いながら学習に取り組み、最終的には育成を目指す資質・能力を確実に身に付けていけるような学習にしていくことが重要だと考えます。

これまでも、そしてこれからも、「学校として十分な実践経験を蓄積していて、毎年実施する価値のある単元計画が存在する場合」があったとしても、改めて子供たちの発達の段階や学習状況を踏まえながら、問いの立て方を工夫することで、各教科等の目標・内容の扱い方をアレンジしたり、年間指導計画や単元計画等の全体を見直したりしながら、学びを人生や社会に生かそうとする姿勢や態度を育てていくことが重要になると考えます。

21

自立活動と教科の指導をどのように関連させるか？ 核心は「見方・考え方」の働かせ方にある!?

関連文献

・中央教育審議会「教育課程部会　特別支援教育部会（第３回）　配付資料」資料４－２　各教科等における障害に応じた配慮事項について（2015年12月16日）

・文部科学省「特別支援学校教育要領・学習指導要領解説　自立活動編（幼稚部・小学部・中学部）」（2018年３月）

解説

２０１７年に改訂された学習指導要領において、特に小学校・中学校の学習指導要領の「総則」の中に「児童（生徒）の発達の支援」が位置付けられ、「特別な配慮を必要とする児童（生徒）への指導」に関する規定が位置付けられたことは画期的なことでした。

そこでは指導に当たって**「障害のある児童（生徒）などについては、特別支援学校等の助言又は援助を活用しつつ、個々の児童（生徒）の障害の状態等に応じた指導内容や指導方法の工夫を組織的かつ計画的に行うものとする」**ことが規定されています。しかも、この内容は、「総則」のみならず、道徳科以外の全ての教科等において、**「指導計画の作成と内容の取扱い」**の中に**「障害のある児童（生徒）などについては、学習活動を行う場合に生じる困難さに応じた指導内容や指導方法の工夫を計画的、組織的に行うこと」**と規定されています。道徳科でこのことにふれられていないのは、実は特別の教科化を図る議論が先に行われて、２０１５年３月に学習指導要領の一部改正が行われた経緯があるからです。

しかし、同年７月に出された「特別の教科　道徳編」の学習指導要領解説の中では、**「発**

達障害等の児童についての配慮すべき観点等を学校や教員間で共有すること」を前提に専門的に検討を行い、教師用指導資料の作成や指導要録の改正を行うこととされていました。その後、2017年7月に出された小学校と中学校の学習指導要領解説「特別の教科 道徳編」では、「道徳科における評価」と関わって**「発達障害等のある児童（生徒）に対する指導や評価を行う上では、それぞれの学習の過程で考えられる『困難さの状態』をしっかりと把握した上で必要な配慮が求められる」**とされている点には注目が必要です。

さて、「学習活動を行う場合に生じる困難さ」に関連して、どのような解説が行われているかに注目すると次のようなことが述べられています。

【前略】障害のある生徒などの指導に当たっては、個々の生徒によって、見えにくさ、聞こえにくさ、道具の操作の困難さ、移動上の制約、健康面や安全面での制約、発音のしにくさ、心理的な不安定、人間関係形成の困難さ、読み書きや計算等の困難さ、注意の集中を持続することが苦手であることなど、学習活動を行う場合に生じる困難さが異なることに留意し、個々の生徒の困難さに応じた指導内容や指導方法を工夫することを、各教科等において示している。【後略】

自立活動の指導は、例えば各教科の指導とは異なり、一人一人の学習上・生活上の困難さに配慮して、オーダーメイドで指導を組み立てることについては周知の事実ですが、「自立活動の時間」を設けて指導を行う場合には、個々の困難さに特化した指導を展開するがあまり、各教科の指導とどのように関連付けながら指導を行うのかという視点が曖昧になりがちです。自立活動の指導は、「自立活動の時間」はもとより、「学校の教育活動全体」を通じて適切に行うことで、自立し社会参加する資質を養うものですから、具体的にどの場面で、どのように関連付けながら指導するのかについて、個別の指導計画を作成する際に、より詳細に明らかにしておくことも重要な視点です。

これまでの学習指導要領改訂の経緯の中で、個別の指導計画は、自立活動についても、それ以外の各教科等についても作成し、活用する流れになってきていますので、双方の関連性をどのように考え、組み立てていくのかが鍵になるポイントだと考えています。

そこで筆者が注目をしているのが、授業改善の視点として掲げられた「主体的・対話的で深い学び」の実現という学習活動のプロセスです。とりわけ、「深い学び」と関わる「各教科等の特質に応じた見方・考え方」を働かせる上での困難さに着目することは、多様な障害のある子供たちにとって、とても重要であると考えています。

オピニオン

２０１７年から２０１９年にかけて告示された学習指導要領や同解説上では、改訂に係る審議を経て位置付けられた授業改善の視点である「主体的・対話的で深い学び」と「自立活動」との関連について、直接的にはふれられていません。「直接的には」と述べているのは、そもそも自立活動の目標の中に**「障害による学習上又は生活上の困難を主体的に改善・克服する」**ことが位置付けられていますので、随所に主体性等に関する解説等がなされていることは事実です。しかし、「主体性」のみならず、「対話的」や「深い学び」と関連させて、例えば項を起こして解説するなど、明示的な解説は行われていないのも事実です。したがって、主体的・対話的で深い学びの視点から各教科等の学習活動を行うことと自立活動の視点との関連について丁寧に解説することも重要になると考えています。

その際、例えば実態把握した情報を整理する段階の観点として、現在は①「自立活動の区分に即して整理」、②「学習上又は生活上の困難の視点で整理」、③「○○年後の姿の観点から整理」と示されている点について、特に②の観点をより日常的な学習と関連付ける意味合いで、各教科等の学習における「主体的・対話的・深い学び」の視点で整理する段階を明示してみることも「自立活動の時間を設けた指導」を各教科等の学習を含めて、学校の教育活動全体と関連付けるための工夫になるのではないでしょうか。

特に深い学びの視点は、各教科等の特質に応じた見方・考え方を働かせることが重要であることは前述の通りです。見方・考え方は「各教科等を学ぶ本質的な意義の中核をなす」とも述べられるほど学習を成立させるための大切な要素です。したがって、各教科等の特質に応じた見方・考え方を働かせる上での児童生徒個々の困難さを整理したいところです。

さて、特別支援教育の対象となる発達障害や知的障害のある児童生徒数は増加の傾向を示していることは周知の事実ですが、彼らは心の中にイメージを描くこと、抱いたイメージを言語化すること、過去の記憶を想起すること、想起した記憶を時系列で整理すること、内容を理解しながら見たり、聞いたり、読んだり、書いたりすること等の困難さを抱えています。その困難さを捉えることは、まさに、知覚や認知等との関連で学習が生起するメカニズムを分析することと表裏一体の関係と言えます。そして、そこで専門性を存分に発揮することこそ「特別支援教育」の存在意義の中核を成しており、これまでも、これからも、「特別支援教育」の本質を成す部分は、変わらずに求められるのだと考えます。

22

知的障害教育の一本化議論

一本化に関するこれまでの提言は？

関連文献

- 国立特殊教育総合研究所　平成13年度～平成15年度　プロジェクト研究 「21世紀の特殊教育に対応した教育課程の望ましいあり方に関する基礎的研究」（2004年３月）

- 中央教育審議会初等中等教育分科会教育課程部会特別支援教育部会「特別支援教育部会における審議の取りまとめ」（2016年８月26日）

解説

ご関心の高い読者には記憶に新しいところかと思いますが、２０１７年の特別支援学校学習指導要領の改訂に係る審議では、中央教育審議会初等中等教育分科会教育課程部会の下に「教育課程企画特別部会」が設置されました。さらにその下に「特別支援教育部会」が設置され、各学校種における特別支援教育の推進等について専門的な審議が行われました。

その結果は、２０１６年８月26日に「特別支援教育部会における審議の取りまとめ」として報告されました。そもそも諮問の段階で、「知的障害のある児童生徒のための各教科の改善」についてどのように考えるかが検討課題として取り上げられていましたので、知的障害のある児童生徒の教育課程の在り方については、多くの改善・充実の方向性が示されました。

特に、「幼稚園等、小・中・高等学校と特別支援学校との連続性」に関する改善・充実の方向性の一つとして次の内容が記載されました。

「今後の進め方については、今回の学習指導要領改訂における小・中学部を中心とした知的障害のある子供たちのための各教科の目標・内容の整理を踏まえ、長期的には、幼稚園、小・中・高等学校、特別支援学校との間で、教育課程が円滑に接続し、子供たち一人一人の学びの連続性が実現されるよう、国として、学校種別にかかわらず、各教科の目標・内容を一本化する可能性についても検討する必要がある」

文中の「長期的には」が、どれくらいの期間をイメージしているかは定かでありませんが、将来的に、知的障害のある児童生徒が多様な学びの場に在籍することを前提に、「各教科の目標・内容を一本化する可能性」を検討する必要について指摘しています。「可能性」の検討ですので、結論として「可能」や「一部可能」、「不可能」という判断が下されることが考えられますが、そもそも「一本化」について、どのようなイメージを抱いているのかは、疑問の残るところです。

この点に関わって、国立特殊教育総合研究所が平成13年度〜平成15年度に実施したプロジェクト研究「21世紀の特殊教育に対応した教育課程の望ましいあり方に関する基礎的研究」の中で、次のア〜ウの３つの段階に分けた学習指導要領改善モデルが示されています。

もっとも、ご留意をいただきたいのは、研究の実施年度からもお分かりの通り、特殊教育から特別支援教育への理念的な転換が図られる以前の提言であり、１９９９年３月に「盲学校、聾学校及び養護学校学習指導要領」が告示されたり、２００３年３月に特別支援教育の在り方に関する調査研究協力者会議から「今後の特別支援教育の在り方について（最終報告）」が出されたりする時期に並行したプロジェクト研究の報告であるという点です。現在とは、時代背景が異なっているものの、次代を展望した示唆に富む提言となっていますので、知的障害教育に係る部分を拾い上げながら一部を要約して抜粋・掲載します。

ア　学習指導要領の改善モデル

これまでの盲・聾・養護学校における教育実践を今後の特別支援学校においても生かすという視点をもち、障害種別の盲・聾・養護学校から障害種別にこだわらない設置形態も含めて、より個々の子どもの障害の状態に即した教育実践を進めていく考え方。小・中学校等の教育課程の基準である幼稚園教育要領、小学校学習指導要領、中学校学習指導要領、高等学校学習指導要領とは別個に特別支援学校としての学習指導要領等を策定する。現行の盲学校、聾学校及び養護学校の学習指導要領の考え方として、小学校等に準ずる教育が可能な盲・聾・肢・病の子どもたちへの対応と、小学校等とは異なる教科内容を学習する知的障害の子どもたちへの対応ということで、大きく二つに分けて教科内容を示している。子どもの実態によっては、それらを相互に使用できる形に示し方を工夫することが必要である。知的障害を合わせた盲・聾・肢・病の子どもが、知的障害の子ども向けの教科内容を活用しやすくする。

イ　特別支援学校の教育課程の一本化モデル

アのモデルが、特別支援学校の学習指導要領等を幼稚園教育要領、小学校学習指導要領、中学校学習指導要領、高等学校学習指導要領とは別個に策定し、その中で、準ずる教科内容と知的障害に対応した独自の教科内容を示すものであったのに対し、イのモデルは、教科の示し方に工夫を加えるものである。特別支援学校がこれまでと異なり、障害の枠を超えた学校として想定されていることから、一つの学校に視覚障害の子どもや聴覚障害の子ども、あるいは知的障害の子どもが在学し、それぞれに必要な教育を受ける場合が想定されることから、個々の子どもの障害の状態に対応した教育実践が可能となる学習指導要領等にするよう、知的障害の子どものための教科内容を、小・中学校の教科と共通の流れの中で示し、軽度発達障害の子どもに対する教育をも含めて、大くくりの教育課程編成の中で、教師が子どもの実態に即して個別の指導計画を綿密に作成しながら指導を進めていくことができるようにするという考え方である。

ウ　学習指導要領の一体化モデル

いわゆる特別支援学校の学習指導要領は作成せず、幼稚園教育要領や小学校学習指導要領、中学校学習指導要領、高等学校学習指導要領において、いわゆる特別支援学校の教育に関連する事項についても盛り込んで記述するという考え方である。このタイプの前提としては、小学校や中学校に障害のある子どもが一般的に在学し、そこである程度の支援や指導が可能となっている必要がある。また、知的障害の子どもについても、イのタイプのような形での教育課程の編成に習熟し、子どもの必要性に応じた教育実践が特別支援学校で行われるようになっている必要がある。

特に「一本化」や「一体化」という言葉をどのような意味で使用し、学習指導要領上、どのように目標・内容等を構成しようとしているかが理解できます。

オピニオン

先に挙げたア～ウの３つのモデルに関して、アのモデルが既に提言を実現できているものと捉えれば、特別支援教育部会の審議の取りまとめに示された「一本化」については、特別支援学校としての学習指導要領は作成するものの、その中で、各教科の目標・内容等について、現行の特別支援学校小学部・中学部学習指導要領の「第１款」「第２款」として示されるように**「視覚障害者、聴覚障害者、肢体不自由者又は病弱者である児童生徒に対する教育を行う特別支援学校」**と**「知的障害者である児童生徒に対する教育を行う特別支援学校」**に分けて示さずに、５つの障害種を対象として教育する特別支援学校として、共通した教科の括りの中で示すということを指すものと捉えられます。

また、「一体化」については、「一本化」という段階を踏まえた後に、特別支援学校としての学習指導要領を作成せずに、小学校・中学校・高等学校の学習指導要領に知的障害者である児童生徒の在籍を踏まえて、特に現行の「指導計画の作成と内容の取扱い」においてその具体を明記することが想定されています。

障害者の権利に関する条約への批准やその後の国連による勧告（２０２２年）の内容を踏まえると、「一体化」モデルの提言は、まさに10年先を見通した提言のようにも感じます。

一方で、多様な学びの場の一つとして「特別支援学校」の存在意義を重視する現行の特別支援教育施策が、引き続き展開されるとすれば、特別支援学校としての学習指導要領を示さないことは不自然なようにも感じます。もし仮に、特別支援学校の学習指導要領を作成しないとなれば、「幼稚園・幼稚部教育要領」や「幼稚園段階教育要領」、「小学校・小学部学習指導要領」や「小学校段階学習指導要領」等といった示され方が考えられるのでしょうか。読者の皆さんはどのようにお考えでしょうか。

いずれにしても、初等中等教育段階の学校種には、幼稚園、小学校、中学校、高等学校、特別支援学校ばかりでなく、「幼保連携型認定こども園」等や「義務教育学校」、「中等教育学校」といった様々な学校種があり、それぞれに特徴的な教育課程の編成や実施等が行われていますので、少子化問題への対策や貧困問題への対応といった観点を含め、大局観をもった初等中等教育行政の展開が期待されるところです。そしてそれぞれの学校種や学びの場において、知的障害の程度も多様な子供たちが在籍することを踏まえながら、工夫した教育実践が保障できるような教育要領や学習指導要領となることが期待されます。

23

知的障害教育の一本化に向けた検討課題
教育課程の不連続な側面はないのか？

関連文献

- 国立特殊教育総合研究所　平成13年度〜平成15年度　プロジェクト研究「21世紀の特殊教育に対応した教育課程の望ましいあり方に関する基礎的研究」（2004年３月）

- 中央教育審議会初等中等教育分科会教育課程部会特別支援教育部会「特別支援教育部会における審議の取りまとめ」（2016年８月26日）

解説

知的障害教育の「一本化」に関する議論は、これまで見てきたように「各教科」の目標・内容等の整理の仕方に関する議論がその中心となっています。もちろん、この議論は重要だと筆者も考えていますが、教科の名称の検討を含め、設定された当時との時代背景の移り変わりや学びの場の選択の多様性・柔軟性等を考慮しながら、改めて小・中・高等学校との連続性について検討する必要はないかと考えています。例えば、小学部の「生活科」や中学部の「職業・家庭科」などがこれに該当します。

また、知的障害のある子供たちの実態の幅を考慮すると、教育課程の連続性について検討する際には、「各教科」以外についても検討の余地があると考えています。

具体的には、知的障害者である児童生徒を教育する特別支援学校において、小学部では「総合的な学習の時間」を設定する規定とはなっていないことや、高等部においては「特別の教科である道徳」を設定する規定となっていることなどです。

まず、小学部の「生活科」についてですが、小学校の「生活科」とは目標・内容や対象となる学年が異なります。歴史的にも古く、１９７１年から設定されている小学部の生活科は、１年生から６年生までが学ぶのに対して、１９８９年から小学校の教科として位置付いている生活科は１・２年生のみが対象です。小学部の生活科は、**「基本的な生活習慣の確立に関すること、遊び、役割、手伝い、きまりなどを含む生活に関することを学習の対象とし、自立への基礎を体系的に学べるように、内容を構成した教科である」**と解説されています。また、小学部の教科として、社会科、理科、家庭科は設けられていませんが、それらの教科の内容は生活科の中に包含されていて、総合的な教科であるとされています。

　続いて、中学部の「職業・家庭科」については、関連する中学校の教科が「技術・家庭科」となっているのはご存知の通りです。現在の中学校の「技術・家庭科」も戦後当初の１９４７年の学習指導要領では、「職業科」として示され、そのもとで「農業・商業・水産・工業・家庭」の５つの科目に分かれていました。その後、１９５１年の改訂で**「職業科に含まれていた五つの科目の内容を分析して、実生活に役だつ12項目の仕事に分け、これを中心として、家庭生活・職業生活に望ましい実践人を育成するための新たな組織」**がつくられ、教科の名称も「職業・家庭科」となりました。

　しかし、１９５８年には、科学技術教育の振興が基本方針の一つとして掲げられ、これまでの「職業・家庭科」から「技術・家庭科」に名称が変更され、技術革新という時代の要請に応える教科として位置付けられた経緯があります。

一方で、知的障害教育分野では、最初の精神薄弱養護学校（当時）の学習指導要領が1963年に通達されますが、そのときから中学部に「職業・家庭科」として位置付いています。もちろん、当時は中学部を卒業すると、社会に出て働く生活が中心となることから職業教育が重視されることは当然のことであると感じます。しかし、現在では、中学部の卒業生のほとんどが、高等部に進学する状況となっています。また、科学技術の振興が、我々の生活に与える影響は日進月歩で大きくなり、多様な技術が身近な生活を支えてくれています。

要するに、ただちに教科等の名称やその位置付けを変更すべきだと申し上げたい訳ではなく、時代の変化や状況の推移がある中で、論点を整理して検討の俎上にあげながら、時間を掛けて、丁寧に知的障害のある子供たちの教育課程について議論していくべきではないかということを申し上げたいところです。この点は、知的障害以外の他の障害種別の教育の専門家についても同様の問題意識をもっていただくことが必要ではないでしょうか。

オピニオン

小学校の低学年では、教科としての生活科の設定がある一方で、教育課程上、総合的な学習の時間は設定されていません。この点を捉えると、特別支援学校（知的障害）小学部の教育課程上、総合的な学習の時間が設定されないことは一見、整合しているように捉えられるかもしれません。しかし、「総合的な学習（探究）の時間の本来的な意図は？」の項（項目15）でも申し上げているように、知的障害があることから「発達年齢」を中心に考慮して、1年生から6年生まで全員が各教科等を横断する視点で課題解決に取り組んだり、学校教育目標の具現化に取り組んだりする教育活動が設定されなくても、コンピテンシー・ベイスの教育が実現できるかどうかは検討の余地があると考えます。

また、知的障害教育独自の総合的な教科であるがゆえに、その中で探究的な活動ができるとされている点について、現場の実態はどうなのかという検証と、生活科を他の教科等と合わせて授業を行うことができるとしている学校教育法施行規則上の規定に、中学部や高等部の総合的な学習の時間や総合的な探究の時間が、他の教科等と合わせて実施することはできない規定となっている点との論理的な矛盾はないのか、検討することが必要かもしれません。歴史的にも古くから取り組まれている実践ですから、その意義はとても重要だと考えますし、現代的な教育課題の視点を交えて捉えると、例えば「総合生活」や「生活探究」等といった名称で、改めて捉え直すことにより、豊かな教育実践と小・中・高等学校の教育課程との連続性を保ったり、再構築できたりするかもしれません。

いずれにしても、知的障害教育では、「生活年齢」を考慮する視点も大切にしています し、何よりも子供たちの実態が多様で様々な可能性を秘めているという現実があります。

この視点は、高等部の「特別の教科である道徳」を設定していることについても同様のことが言えます。道徳教育の重要性は、もちろん否定するものではありませんし、学校の教育活動全体を通じて実施していく必要があります。しかし、知的障害のある児童生徒、とりわけ16歳〜18歳という年齢段階で生活し、学習している知的障害のある生徒たちにとっての教育課程上の意義や学習実態及び学習効果等については、改めて検証していく必要があると考えます。場合によっては、生活年齢を考慮して、教科等の中に織り込んでいくという方法も考えられます。

このように教科のみならず、その他の枠組みについても改めて検討したいところです。

24

学習評価の多面性

何をどのように評価するのか？

関連文献

- 中央教育審議会初等中等教育分科会教育課程部会「児童生徒の学習評価の在り方について（報告）」（2019年１月21日）

- 中央教育審議会「幼稚園，小学校，中学校，高等学校及び特別支援学校の学習指導要領等の改善及び必要な方策等について（答申）」（2016年12月21日）

解説

学習指導と学習評価は一体的なものという考え方は、もはや学校現場には定着してきました。2017年の学習指導要領告示に至る議論でも、それまでの改訂では、学習指導要領の改訂の後に学習評価に関して専門的な審議を行っていた流れがありましたが、その流れに変化が見られ、学習評価を含めた一体的な議論が展開されたからこそ、学習評価に関する規定が総則の中に盛り込まれた経緯があります。

しかも、コンテンツ・ベイスからコンピテンシー・ベイスへとシフトチェンジしたことを踏まえて、学習評価観も伴って整合させていく流れは必然的に起こってきました。資質・能力が「知識及び技能」、「思考力・判断力・表現力等」、「学びに向かう力・人間性等」の3つの柱で再整理される中で、学習評価の観点としては、「知識・技能」、「思考・判断・表現」、「主体的に学習に取り組む態度」の3観点で再整理されたことは周知の事実です。これは、学校教育法第30条第2項の規定との整合を含め、これまでの学習評価において実践されてきた学校現場レベルでの成果や課題等も踏まえられ、体系化が図られたものと見ることができます。

ただし、これらの観点は、分析的な評価の観点として構造化されたものではあるものの、子供たちの学習状況や育ちそのものが、全てこれらの観点によって見取られるものではないという理解が重要になっています。特に、コンピテンシー・ベイスへの転換の中で、どのように社会や世界と関わり、よりよい人生を送るかという視点から重要な資質・能力として位置付けられた「学びに向かう力・人間性等」については、分析的な観点で見取られる部分と、それだけではない側面があるという考え方を押さえておく必要があります。

つまり、学習評価は多面的に展開されるべきで、子供たちの一人一人の成長や発達を含め、個々人の学習に関わるプロセスの中で、課題に向き合う姿勢や態度とともに周囲の友達や環境との関わり、人としての立ち居振る舞いなど、多様な側面から学習の意義や過程、結果を教育的に価値付ける営みが重要だということです。

いわゆる「個人内評価」という見方を働かせることが、人格の形成や完成を第一義とする教育活動においては常に重要だと言えます。その点で、例えば「道徳教育」については、特別の教科化が図られるほど重視をされていて、道徳科の時間はもとより、学校の教育活動全体を通じて行うものであるために、常に他の教科等の学習・指導との関わりにおいて、

「社会や世界と関わる」上での道徳性の育ちにも注目することが必要と言えます。ご存知の通り、道徳科で示される内容項目は、**「A　主として自分自身に関すること」**、**「B　主として人との関わりに関すること」**、**「C　主として集団や社会との関わりに関すること」**、**「D　主として生命や自然、崇高なものとの関わりに関すること」**の4つの視点から分類・整理されています。例えば、Bの視点では、「親切、思いやり、感謝、礼儀、友情、信頼、相互理解、寛容」といった内容項目が具体的に示されています。これらは主体的・対話的で深い学びを展開する授業の過程で、どの教科等においても涵養され、発揮される姿であろうことを想像すると「分析的な評価の観点」のみならず、個人の進歩や変化・変容、可能性を個人内評価として丁寧に見取っていくことも大切にしたいと考えるところです。

中央教育審議会初等中等教育分科会教育課程部会から2019年1月21日に出された「児童生徒の学習評価の在り方について（報告）」（以下、報告）の中で「各教科における評価の基本構造」が示されていますので次ページに掲載しました（図6）。これまで述べてきたことは、図6の右側の部分に「感性、思いやりなど」が別枠で囲まれ、「個人内評価」に矢印でつながっている箇所に該当します。

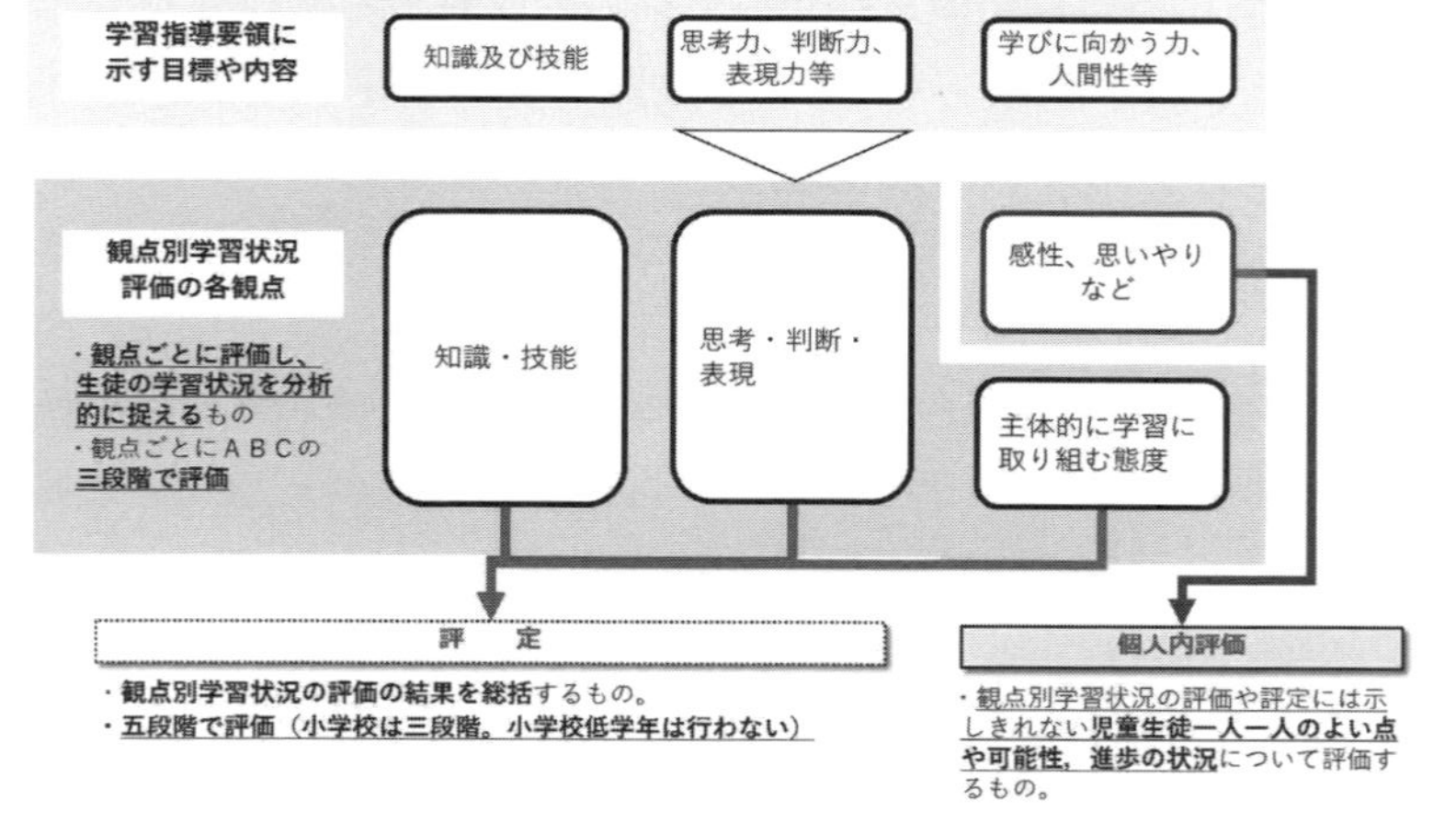

図６　各教科における評価の基本構造
中央教育審議会初等中等教育分科会教育課程部会「児童生徒の学習評価の在り方について（報告）」（2019）より引用

もう一点、注目したいこととして「主体的に学習に取り組む態度」の評価が挙げられます。この観点での評価に難しさが伴うという学校現場の先生方の声をよくうかがいます。

なお、報告では次のような記述が見られます。

「子供たちが自ら学習の目標を持ち、進め方を見直しながら学習を進め、その過程を評価して新たな学習につなげるといった、学習に関する自己調整を行いながら、粘り強く知識・技能を獲得したり思考・判断・表現しようとしたりしているかどうかという、意思的な側面を捉えて評価することが求められる」

さらに、報告では、**「① 知識及び技能を獲得したり、思考力、判断力、表現力等を身に付けたりすることに向けた粘り強い取組を行おうとする側面と、② ①の粘り強い取組を行う中で、自らの学習を調整しようとする側面、という二つの側面を評価することが求められる」**とも述べられています。コンピテンシー・ベイスへの改訂を図った中で、資質・能力の確かな育ちを見取る観点として非常に重要な「着眼点」であることは確かです。

オピニオン

障害のある子供たちの中には、メタ認知に課題があり、自分の置かれている状況について理解することが難しい子供がいます。知的障害を伴う場合には、その状態がより顕著に認められるケースもあります。報告の中でも、**「発達の段階に照らした場合には、児童自ら目標を立てるなど学習を調整する姿が顕著にみられるようになるのは、一般に抽象的な思考力が高まる小学校高学年以降からであるとの指摘もあり、児童自ら学習を調整する姿を見取ることが困難な場合もあり得る」**ことに言及されています。また、この点と関わって障害の程度がより重度な子供たちに対する学習評価をどのように捉えて実施すればよいか、大変、悩んでおられる学校現場の先生方はたくさんおられます。

筆者自身は、認知発達の過程を丁寧に捉えることが重要で、例えば、心理学者のピアジェ（Jean Piaget, １８９６年～１９８０年）が、「シェマ」の獲得や「同化」と「調整」、「均衡化」という概念でその様子を捉えている点をよく引き合いに出します。ピアジェは外界を認知する枠組みを「シェマ」と呼んでいますが、まずは、環境との相互作用の中で、この「シェマ」を獲得します。四本足で歩いて「ワンワン」と鳴く毛むくじゃらな動物を「イヌ」と呼ぶことの理解などです。新しい環境や状況、問題場面と向き合う際には、この既存の「シェマ」を活用することで自分の中に外界を取り込んだり、問題場面に対応しようとしたりします。このことを「同化」と言います。ところが、既存の「シェマ」では多様な状況や問題に対応しきれないときに、「シェマ」を変化させようとします。これが「調整」です。四本足で歩く毛むくじゃらな動物だけど「ニャ〜ニャ〜」と鳴く場合には「イヌ」ではなく「ネコ」と呼ぶことの理解です。「同化」や「調整」を繰り返す中で「シェマ」を追加したり、間違った「シェマ」を修正したりすることによって全体的なバランスを図ろうとしますが、より高次の「シェマ」に構造化を図ることにつながります。これが「均衡化」です。「ヒヒーン」と鳴いてパカパカと走る動物は「イヌ」でも「ネコ」でもなく、別の呼び名に違いないと思ったり、「イヌ」「ネコ」「ウマ」と呼び名は違っていても、それらは全て「動物」の仲間なんだと気付いたりしますよね。その過程で「これなあに?」と疑問をもったり、「何とかしたいなあ」と試行錯誤・力戦奮闘したりすることが、「主体的に学習に取り組む態度」と見取っていけば、障害の程度にかかわらず分析的な学習の観点として見取っていくことはできるのではないでしょうか。

25

学習評価の多様性

教科等ごとの評価のポイントは？

関連文献

- 文部科学省「特別支援学校教育要領・学習指導要領解説　自立活動編（幼稚部・小学部・中学部）」（2018年３月）

- 中央教育審議会「令和の日本型学校教育」を担う教師の在り方特別部会「『令和の日本型学校教育』を担う新たな教師の学びの姿の実現に向けて　審議まとめ」（2021年11月15日）

解説

前のテーマでは、各教科における学習評価を中心として、観点別学習評価と個人内評価に関する説明を行いました。障害の有無にかかわらず学習評価の基本的な枠組みは共通となっています。

特別支援教育の観点から教育課程編成上、最も特徴的かつ重要な教育課程の枠組みとして「自立活動」が挙げられます。小・中学校の特別支援学級や特別支援学校の子供たちにとっては必ず取り入れることとなっていますし、通級による指導を利用している子供たちも基本的には、自立活動を参考にすることから、自立活動の視点を踏まえた学習評価を行っていくことは極めて重要となります。

さて、自立活動の評価についてですが、観点別学習評価とはなっておらず、個別の指導計画で作成した指導目標と正対して評価を行うことが重要です。したがって、指導と評価の一体化という視点からも、まずは個々の子供たちの学習上や生活上の困難さを含めた実態把握が大切で、指導すべき課題の明確化と課題間の関連性の整理に基づく指導目標の設定、そして指導内容の具体化が学習評価の精度を高める重要なファクターとなります。この過程は言い換えれば、「指導仮説」の検証過程とも言えますので、学習評価の内容が個々の子供たちに還元されることはもとより、指導の改善にダイレクトに反映されるものとの理解が必要になります。

なお、「自立活動」は時間を設定して取り組む場合の他、各教科等の指導と関連させるなど、教育活動全体を通じて行うことが必要とされていますので、各教科等の学習や学校生活全般の中で、指導目標として設定していることが「どのような場面で」、「どのように」あるいは「どの程度」実現できているかを丁寧に観察することが必要になります。

また、自立活動に関する取組では、自分自身が抱える困難さと直接的・間接的に向き合う状況も生じますので、障害のある自分を知り、受け止め、状況の改善を図ろうとする意欲につながるような評価の視点も重要となります。

ここまで、障害のある子供たちや特別な教育的ニーズを有する子供たちの学習評価という視点から論じてきましたが、コンピテンシー・ベイスによる資質・能力の再構造化や「学習の基盤となる資質・能力」あるいは、「現代的な諸課題に対応して求められる資質・

能力」を教科等横断的な視点で育成していく必要性が重視されていることからも、特に「総合的な学習（探究）の時間」に寄せられる期待は高いものがあると筆者は考えています。

総合的な学習（探究）の時間の学習評価は、そもそも目標や内容の設定が各学校にゆだねられている点への留意が必要です。即ち、学習指導要領に定められた目標（第1の目標）を踏まえて各学校が目標や内容を設定することになっていますし、学習評価に当たっても各学校が設定した目標や内容を踏まえて、観点を設定することになっています。観点別評価を取り入れることには変わりはないのですが、数値による評価ではなく、**「各学校が自ら設定した観点の趣旨を明らかにした上で、それらの観点のうち、児童（生徒）の学習状況に顕著な事項がある場合などにその特徴を記入する等、児童（生徒）にどのような資質・能力が身に付いたかを文章で記述すること」**とされています。

観点の趣旨や評価規準を具体化して設定することが必要になりますし、学習のプロセスの中で、評価の場面を適切に位置付けるとともに、どのような方法で見取るのかについても、より詳細に検討しておくことが必要になります。その意味においては、指導計画の作成と並行させながら、評価計画を立てておくことも大切なポイントであると言えます。

オピニオン

これまで述べてきたように、各教科等については、それぞれの教科等ごとに固有の特質があり、教育課程の中に位置付いている意味や意義、価値がありますので、その点を十分に踏まえておく必要があります。安易に数量化することやペーパーテストの得点、作品の出来栄えのみに頼ったりすることは、コンピテンシー・ベイスの学習指導要領へと転換させた本質的な意義を捉えていることにはなりませんので、丁寧な学習過程の見取りを含めて、「いつ、どこで、誰が、どのような資質・能力を、どのように」見取るのかという構想を練っておく必要があると言えます。

加えて、学習評価には、信頼性や妥当性、客観性、多面性といった言葉で表されるように、目標として設定した育成を目指す資質・能力に即応して、本当に見取るべきものを見取っているのかや、誰が見取っても同じような判断に基づく評価となるのか等の問題が付いて回ります。この問題の解決に取り組むためには、教師個人の取組はもちろん重要ですが、学校全体としての組織的な対応も重要になってきますので、指導と評価の一体化に関わる校内のシステムづくりを充実させていきたいところです。また、教師の「指導力」の一環として位置付く学習評価に関する専門的な力量も、例えば、校内の授業研究において、同僚や先輩教師との授業に関わる協議を通して、子供たちの学習状況の見取り方やその表現方法を洗練させていけるような内容を組み込んだり、支援の必要な子供たちに対するケース会議の中で、教科等の資質・能力に関する成長や変化・変容の過程を過去・現在・未来という時間軸で振り返ったり展望したりする場面を設定することで、オンザジョブトレーニング（On the Job Training）を通じた力量形成を目指していきたいところです。

一方で、各自治体では、「令和の日本型学校教育」を担う新たな教師の学びの姿の実現に向けて「教員育成指標」や「教員研修計画」が策定されています。教育委員会や教育センター等で開催される研修会は、基本的にこれらの指標や計画に基づいて実施される訳ですが、指導と評価を一体的に捉えて、その力量形成を図ろうとする教師の自律的な学びを支えるべく、必要かつ的確な指標の設定と多様な研修プログラムの整備に取り組んでいくことで、学習評価を含めた指導力の育成に努めていくことが期待されます。

26

通常の学級における特別支援教育の専門性教師がどのように身に付けていくのか？

関連文献

- 中央教育審議会「『令和の日本型学校教育』を担う教師の養成・採用・研修等の在り方について～『新たな教師の学びの姿』の実現と，多様な専門性を有する質の高い教職員集団の形成～（答申）」（2022年12月19日）

- 教職課程コアカリキュラムの在り方に関する検討会「教職課程コアカリキュラム」（2017年11月17日）

解説

連続性のある多様な学びの場を整備している我が国のインクルーシブ教育システムですが、最も在籍者が多いのは通常の学級であることは確かです。学校教育法施行令第22条の3に該当し、特別支援学校への就学も視野に入る障害の程度の児童生徒が、通常の学級にも数多く在籍しています。通常の学級では、これらの特別な教育的支援が必要な児童生徒への対応ができる専門性を身に付けた人材が求められています。

人材の育成に関しては、我が国では「養成・採用・研修」の一体的な改革が進められてきました。養成段階では、「教職課程の質的水準に寄与するコアカリキュラム作成の必要性」が叫ばれ、2015年の中央教育審議会答申「これからの学校教育を担う教員の資質能力の向上について～学び合い、高め合う教員育成コミュニティの構築に向けて～」を契機として「教職課程コアカリキュラム」が検討され、「教育の基礎的理解に関する科目」の中に「特別の支援を必要とする幼児、児童及び生徒に対する理解」が位置付けられました。このことは特別支援教育の推進にとって、大きな前進となった訳ですが、これだけでは学校現場のニーズに即応し得る知識や経験の積み重ねとして、十分な効果があるとは言い切れません。これら以外にも実習や学校ボランティア体験等を含め、教育委員会と大学が連携を図る中で、より多くの特別支援教育推進に関わる学校現場の課題にふれて、大学での学びと学校現場での経験を結び付ける往還的な学修も必要となります。

採用段階に関わっては、先に挙げた例に加えて教育委員会が主催する「教師塾」への参加者を対象として、「特別選考枠」を設けるなどの取組もあります。この学びの過程でも座学と現場での経験は重視されていますので、制度の是非に関する議論はあるものの、教職志願者数が減少し、教員不足が叫ばれている学校現場の状況を勘案すると教育水準を担保するためにも、また、教職志願者の進路実現に向けても、Win-Winな関係を形づくる特徴的な施策であると言えます。

採用後の研修段階については、2016年11月に「教育公務員特例法」が改正されて、公立の小学校等の校長及び教員の任命権者に対して「校長及び教員としての資質の向上に関する指標」(以下、指標)を設定することやその指標を踏まえた「校長及び教員の研修について、毎年度、体系的かつ効果的に実施するための計画（教員研修計画）」の策定が義務付けられた影響は大きいと考えます。加えて2022年8月31日に指標の策定に関する指針が改正され、教師に共通的に求められる資質能力が①教職に必要な素養、②学習指導、③生徒指導、④特別な配慮や支援を必要とする子供への対応、⑤ICTや情報・教育データの利活用の5つの柱で再整理されたことは大きいと考えます。

この中で、特別支援教育に関する④の視点は、その他の柱と密接に関わっているという理解のもとに研修の体系化を図る必要があると言えます。特に情報・教育データの利活用に関しては、教師自身の情報分析力が問われていると筆者は考えています。例えば、全国学力・学習状況調査の解答結果の傾向から、どのような学習状況のつまずきが見られるか、見方・考え方の困難さがあるのか等を分析的に見ることで特別な支援を必要とする子供たちへの授業改善へとつなげていく視点などは極めて重要になってきます。

また、これとともに、「研修履歴を活用した対話に基づく受講奨励に関するガイドライン」が策定された訳ですが、教師にとっての「学びのポートフォリオ」として、教師自身が十分に活用していく視点も重要になります。更に、学校の管理職や先輩・同僚等との対話の中で課題となるテーマを見出して探究していく過程が求められていると考えます。

オピニオン

　子供の学びと教師の学びの姿は「相似形」であると言われています。つまり、主体的・対話的で深い教師の学びを実現させ、質の高い研修を積み重ねる過程がとても重要になるということです。その過程で、教育に関わる知識や技能を習得し、それらを活用しながら教壇に立って多様な教科等の授業実践、学習・指導を展開する中で、様々に思考したり、判断したり、表現したりすることを通して、更に教師としての学びに向かう力や人間性等を含めた専門性を一体的に高めていくことが求められているということです。

　教育界では今、ICTの利活用をはじめ、子供たちを取り巻く学習環境の整備が着々と進んでいます。これに伴って、教師が専門性を高めるための研修環境も漸進的に整備されています。新型コロナウイルス感染症の拡大が、一気にその環境整備を加速させたことは間違いありません。オンデマンド型研修、同時双方向型オンライン研修、対面・集合型研修と、それらを組み合わせたハイブリッド型研修というバリエーションの充実は、教師の主体的・対話的で深い学びを実現させる環境として、十分に整いつつあります。あとはそれらを実際的に活用しながら計画的・体系的に研修を積み重ね、専門性を向上させていくことが必要になります。その際、やはり教師自身が「探究的な課題」をどのように設定するかがポイントになると言えるでしょう。

通常の学級の中で特別な支援を必要とする子供たちへの対応に係る専門性を身に付ける際には、先に述べた「教職課程コアカリキュラム」の特別支援教育に関わる「到達目標」を参考にすることも考えられます。具体的には次のようなものです（一部抜粋改変）。

○発達障害や軽度知的障害をはじめとする特別の支援を必要とする幼児、児童及び生徒の心身の発達、心理的特性及び学習の過程の理解。

○発達障害や軽度知的障害をはじめとする特別の支援を必要とする幼児、児童及び生徒に対する支援の方法の理解。

○「通級による指導」及び「自立活動」の教育課程上の位置付けと内容の理解。

これらをテーマにして学ぶことは、どこか一定のレベルに到達したら終わりとなる訳ではなく、どこまでも発展的に学びを深め・広げることが可能です。子供たちとの出会いを大切にしながら、生涯にわたって探究できるテーマを見つけていきたいところです。

27

働き方改革と生成ＡＩの活用と特別支援教育生成ＡＩをどのように取り入れていくのか？

関連文献

- 初等中等教育局学校デジタル化プロジェクトチーム「初等中等教育段階における生成 AI に関するこれまでの取組み」（2024年 7 月25日）

- 文部科学省初等中等教育局「初等中等教育段階における生成 AI の利用に関する暫定的なガイドライン」（2023年 7 月 4 日）

解説

深層学習（Deep Learning）の進化はＡＩ（Artificial Intelligence）に革新的な変化をもたらしました。ＡＩを学校教育の分野でも活用することについて議論が進んでいます。

２０２４年７月から始まった「初等中等教育段階における生成ＡＩの利活用に関する検討会議」はその一例ですが、現段階では情報活用能力の育成という観点からも生成ＡＩの仕組みの理解や生成ＡＩを学びに生かす等の育成は重要と認識されているものの、**「個人情報の流出、著作権侵害のリスク、偽情報の拡散、批判的思考力や創造性、学習意欲への影響等、様々な懸念も指摘されており、教育現場における活用に当たっては、児童生徒の発達の段階を十分に考慮する必要がある」**とされています。

２０２３年７月４日に公表された「初等中等教育段階における生成ＡＩの利用に関する暫定的なガイドライン」でも、**「学習指導要領に示す資質・能力の育成を阻害しないか、教育活動の目的を達成する観点で効果的か否かで判断すべき」**との基準が示されています。

一方で、学校現場では、学習・指導のみならず、働き方改革を視野に入れた校務活用に対する期待も高く、生成AIパイロット校の取組では、各学校段階において実践事例が積み重ねられ、成果や課題の検証が行われているところです。

校務での活用では、定型文（保護者向け・挨拶文・行事文など）や教材・練習問題のたたき台の作成に活用する傾向が見られますが、教員研修の資料のたたき台を作成したり、生成AIを模擬授業相手として授業準備に活用したりするユニークな活用の仕方も見られます。特別支援教育の視点に特化した生成AI活用の実践について、国の検討会等でまとまった情報が提示され、議論されている状況は「今のところ」見られませんが、「学習活動を行う際に生じる困難さ」に対して、生成AIを活用することにより、知識の理解の質を高めたり、主体的・対話的で深い学びにつなげたりする可能性は十分に考えられます。

そもそも生成AIには、テキスト生成のみならず、画像生成、動画生成、音声生成等の多様な種類があり、今後も更に開発が進むことが考えられますので、この分野への着目は必須であるように思えます。例えば、特別支援教育の対象者である通級による指導を受けている子供たちや特別支援学級、特別支援学校に在籍する子供たちに対しては「個別の指導計画」や「個別の教育支援計画」を作成・活用することが必ず求められるところですが、前述した個人情報の流出や漏洩等の問題が、匿名化等の対応によりクリアされれば、本人のプロフィール等を入力し、適切なプロンプトを書き込むことによって、「たたき台」となるテキストデータは簡単に作成されるでしょう。また、いくつかのパターンの出力を求め、出力された複数のテキストデータを比較しながら本人の実態に即した計画へと洗練させていくことが可能であると考えられます。

特別支援教育の専門性の中核が自立活動の組み立てや実践にあるという筆者の考えは、既にお示ししました。自立活動の組み立て方についても、特別支援学校学習指導要領解説自立活動編に示されている「実態把握から具体的な指導内容を設定するまでの流れ」に関して、「実態把握」の入力さえ適切な形で情報を与えられれば、それ以降の課題の抽出や中心的な課題の抽出、指導目標、指導内容の設定等の流れについて、最適なプロンプトの設定により、効果的なテキストデータを生成することが可能だと考えられます。

従来型の教師の専門性の育成は、学校現場で経験を積み重ねながら、子供たちの困難さの状態を見極め、指導仮説をもって自立活動を組み立て、変容の姿から指導効果の検証を重ねるスタイルが主であり、勘やコツを身に付けてきた訳ですが、将棋の世界でもＡＩを活用した棋士が数々のタイトルを総なめにしている状況を見ると、特別支援教育の世界でもＡＩを活用しながら様々なアプローチを発想することが必要になるのかもしれません。

オピニオン

さて、特別支援教育の分野で生成ＡＩを効果的に活用するアイディアを挙げてみます。

①個別学習プランの自動作成：子供たちの特性や学習進度に基づいて、個別の学習プランを自動で作成し、必要なテキスト・静止画・動画・音声を添えて提示するアイディア。

②音声認識とテキスト化：授業中の音声をリアルタイムで文字に起こし、聞こえづらく内容を捉えにくい子供たちが内容を確認できるようにするアイディア。

③視覚障害者向けのナビゲーションツール：学校内での移動を位置情報に基づきながら音声ナビゲーションシステムによって支援するアイディア。

④行動分析とフィードバック：子供の行動パターン（問題行動を含む）を分析し、適切なフィードバック（対処法を含む）を提供するアイディア。

⑤感情認識：子供たちの表情や声のトーンから感情を認識し、リアルタイムで情報をフィードバックするアイディア。

⑥コミュニケーション支援：自閉スペクトラム症（ＡＳＤ）の子供たち向けに、コミュニ

ケーションを支援するAIチャットボットを提供するアイディア。

⑦文字起こしと字幕：聴覚障害者のために、授業中、リアルタイムで字幕を自動的に提示したり、ビデオ教材に追加したりするアイディア。

⑧発音練習アシスタント：言語障害のある子供向けに、抵抗感なくコミュニケーションを図ったり、発音・発語の練習をサポートしたりするアシスタント機能のアイディア。

⑨仮想現実（VR）教材：特別支援が必要な子供たち向けに、仮想現実を利用した臨機応変な没入型の学習体験を提供するアイディア。

⑩読書支援ツール：ディスレクシアの子供たち向けに、その日のコンディションに応じて、フォントやポイント、行間等を調整し提示するアイディア。

これらには、既に研究や実用化が進んでいるものも含まれます。また、校務支援との関連で、「定時以降の保護者からの問い合わせにAIが回答するサポートシステム」、「快適な学習環境を提供する教室内センサー」、「不審者や異常な行動を検知し、安全を確保する校内安全管理システム」、「教育データの可視化と分析ツール」等も考えられます。

AIの活用により、更に一層、安全・安心・快適で学びやすく、働きやすい環境となることを願うばかりです。

参考文献

○育成すべき資質・能力を踏まえた教育目標・内容と評価の在り方に関する検討会「育成すべき資質・能力を踏まえた教育目標・内容と評価の在り方に関する検討会―論点整理―について」（２０１４年３月31日）

○大佛俊泰「四つの目」写真測量とリモートセンシング VOL.60, NO.2, ２０２１

○外務省「障害者の権利に関する条約」
https://www.mofa.go.jp/mofaj/gaiko/jinken/index_shogaisha.html（閲覧日：２０２４年６月１日）

○国立教育政策研究所『「指導と評価の一体化」のための学習評価に関する参考資料 小学校 算数』（２０２０年３月）

○国立特殊教育総合研究所 平成13年度～平成15年度 プロジェクト研究「21世紀の特殊教育に対応した教育課程の望ましいあり方に関する基礎的研究」（２００４年３月）

○初等中等教育局学校デジタル化プロジェクトチーム「初等中等教育段階における生成ＡＩに関するこれまでの取組み」（２０２４年７月25日）
https://www.mext.go.jp/content/20240725-mxt_jogai01-000037149_21.pdf（閲覧日：２０２４年７月25日）

○島根県教育庁教育指導課 しまねの教育情報Web「データの活用（社日小学校６年２組算数科学習指導案）」
https://eio-shimane.jp/class-making/elementary-school/el-Arithmetic/er-Arithmetic-Teaching-plan/H30sansuu/523

○文部科学省初等中等教育局特別支援教育課著・全国特別支援教育推進連盟編『特別支援教育における交流及び共同学習の推進～学校経営の視点から～』（２０２３年）ジアース教育新社

○武富博文「特別支援教育分野における政策動向に関する研究―教育振興基本計画における Evidence-based Policy Making に向けた政策指標の分析を通して―」（２０２１）広島大学大学院人間社会科学研究科附属特別支援教育実践センター研究紀要 19号、pp.111-124 https://ir.lib.hiroshima-u.ac.jp/00050722（閲覧日：２０２４年６月１日）

○中央教育審議会「教育課程部会　特別支援教育部会（第３回）　配付資料」資料４－２　各教科等における障害に応じた配慮事項について（２０１５年12月16日）https://www.mext.go.jp/b_menu/shingi/chukyo/chukyo3/063/siryo/1365562.htm

○中央教育審議会「教育課程部会　特別支援教育部会（第６回）　配付資料」資料８　知的障害のある児童生徒のための各教科の改善・充実の方向性（検討素案）（２０１６年２月22日）
https://www.mext.go.jp/b_menu/shingi/chukyo/chukyo3/063/siryo/__icsFiles/afieldfile/2016/02/29/1367588_05_1.pdf

○中央教育審議会初等中等教育分科会「共生社会の形成に向けたインクルーシブ教育システム構築のための特別支援教育の推進（報告）」（２０１２年７月23日）

○中央教育審議会初等中等教育分科会教育課程部会特別支援教育部会「特別支援教育部会における審議の取りまとめ」（２０１６年８月26日）

○中央教育審議会初等中等教育分科会教育課程部会「児童生徒の学習評価の在り方について（報告）」（２０１９年１月21日）

○中央教育審議会「21世紀を展望した我が国の教育の在り方について」第一次答申（１９９６年７月19日）

○中央教育審議会「幼稚園、小学校、中学校、高等学校及び特別支援学校の学習指導要領等の改善及び必要な方策等について（答申）」（２０１６年12月21日）

○中央教育審議会「『令和の日本型学校教育』の構築を目指して～全ての子供たちの可能性を引き出す、個別最適な学びと、協働的な学びの実現～（答申）」（２０２１年１月26日）

○中央教育審議会「『令和の日本型学校教育』を担う教師の養成・採用・研修等の在り方について～『新たな教師の学びの姿』の実現と、多様な専門性を有する質の高い教職員集団の形成～（答申）」（２０２２年12月19日）
https://www.mext.go.jp/content/20221219-mxt_kyoikujinzai01-1412985_00004-1.pdf（閲覧日：２０２４年６月１日）

○中央教育審議会「令和の日本型学校教育」を担う教師の在り方特別部会「『令和の日本型学校教育』を担う新たな教師の学びの姿の実現に向けて　審議まとめ」（２０２１年11月15日）

○教職課程コアカリキュラムの在り方に関する検討会「教職課程コアカリキュラム」（２０１７年11月17日）

○文部科学省「通常の学級に在籍する障害のある児童生徒への支援の在り方に関する検討会議（第１回）配布資料」【参考資料】基礎資料集

○冨士原紀絵「全国学力・学習状況調査からみる学習指導要領の実施状況と、それから示唆されること」今後の教育課程、学習指導及び学習評価等の在り方に関する有識者検討会（第13回）資料３（２０２４年７月10日）

○文部科学省「小学校学習指導要領解説　総則編」（２０１７年７月）

○文部科学省「特別支援学校学習指導要領解説　各教科等編（小学部・中学部）」（２０１８年３月）

○文部科学省「特別支援学校教育要領・学習指導要領解説　総則編（幼稚部・小学部・中学部）」（２０１８年３月）

○文部科学省「特別支援学校教育要領・学習指導要領解説　自立活動編（幼稚部・小学部・中学部）」（２０１８年３月）

○文部科学省『「総合的な学習の時間」についての関係審議会答申』 https://www.mext.go.jp/b_menu/shingi/chukyo/chukyo3/005/gijiroku/03070201/004.htm（閲覧日：２０２４年６月１日）

○文部科学省「家庭と教育と福祉の連携『トライアングル』プロジェクト　～障害のある子と家族をもっと元気に～」 https://www.mext.go.jp/a_menu/shotou/tokubetu/material/1404500.htm（閲覧日：２０２４年６月１日）

○文部科学省「教育振興基本計画」　https://www.mext.go.jp/a_menu/keikaku/index.htm（閲覧日：２０２４年６月１日）

○文部科学省「交流及び共同学習ガイド」（２０１９年３月）

○文部科学省「公的統計調査等を活用した教育施策の改善の推進（ＥＢＰＭをはじめとした統計改革を推進するための調査研究）」　https://www.mext.go.jp/a_menu/ikusei/chousa/index.htm（閲覧日：２０２４年６月１日）

○文部科学省初等中等教育局「初等中等教育段階における生成ＡＩの利用に関する暫定的なガイドライン」（２０２３年７月４日）

○文部科学省「障害のある児童生徒等に対する早期からの一貫した支援について（通知）」（２０１３年10月４日）
○文部科学省「学習指導要領『生きる力』」
https://www.mext.go.jp/a_menu/shotou/new-cs/qa/01.htm（閲覧日：２０２４年６月１日）
○文部科学省編著『〈改訂版〉通級による指導の手引　解説とQ&A』（２００７年）第一法規
○文部科学省「通常の学級に在籍する障害のある児童生徒への支援に係る方策について（通知）」（２０２３年３月13日）
○文部科学省「通常の学級に在籍する特別な教育的支援を必要とする児童生徒に関する調査結果について」（２０２２年12月13日）
○文部科学省「特別支援学級及び通級による指導の適切な運用について（通知）」（２０２２年４月27日）
https://www.mext.go.jp/content/20220428-mxt_tokubetu01-100002908_1.pdf（閲覧日：２０２４年６月１日）
○文部科学省「特別支援教育資料関連」
https://www.mext.go.jp/a_menu/shotou/tokubetu/1343888.htm（閲覧日：２０２４年６月１日）
○文部科学省「発達障害を含む障害のある幼児児童生徒に対する教育支援体制整備ガイドライン」（２０１７年３月）
○文部科学省「養護学校の義務制実施への道」
https://www.mext.go.jp/b_menu/hakusho/html/others/detail/1318338.htm（閲覧日：２０２４年６月１日）
○文部科学省「令和３〜４年度　特別支援教育に関する調査の結果について」
https://www.mext.go.jp/a_menu/shotou/tokubetu/1402845_00008.htm（閲覧日：２０２４年６月１日）
○文部科学省「令和６年度文部科学省　概算要求等の発表資料一覧」
https://www.mext.go.jp/a_menu/yosan/r01/1420668_00001.html（閲覧日：２０２４年６月１日）

【著者紹介】
武富　博文（たけどみ　ひろふみ）
教育政策研究会「特別支援教育部会」西日本支局長（兼）研究推進統括部長
特別支援教育政策研究ゼミ（代表）
公立養護学校（当時）や特別支援学校で教諭・管理職の経験を経て，その後，研究者の道を志す。
地方自治体の教育委員会での経験や国の特別支援教育関連の職務にも携わる中で「特別支援教育施策」への関心を高め，当該分野における各種の政策についてデータをもとに分析することを中心に研究活動を行っている。
【関連する主な論文】
「特別支援教育分野における政策動向に関する研究―教育振興基本計画におけるEvidence-based Policy Makingに向けた政策指標の分析を通して―」（2021）広島大学大学院人間社会科学研究科附属特別支援教育実践センター研究紀要19号（本論文及び本書の執筆当時は神戸親和大学に在職）

＊本書で紹介している外部へのリンクは刊行当時のものです。

特別支援教育のミライ

2025年２月初版第１刷刊 ©著　者　武　富　博　文
発行者　藤　原　光　政
発行所　明治図書出版株式会社
http://www.meijitosho.co.jp
（企画）佐藤智恵（校正）武藤亜子
〒114-0023　東京都北区滝野川7-46-1
振替00160-5-151318　電話03(5907)6703
ご注文窓口　電話03(5907)6668
＊検印省略　組版所　中　央　美　版

Printed in Japan　ISBN978-4-18-002224-3